一个人的倾城
张爱玲传

墨倾城　著

新世界出版社
NEW WORLD PRESS

图书在版编目（CIP）数据

一个人的倾城 : 张爱玲传 / 墨倾城著 . — 北京 : 新世界出版社，2016. 10（2017. 11 重印）

ISBN 978-7-5104-5934-4

I. ①一… Ⅱ. ①墨… Ⅲ. ①张爱玲（1920-1995）—传记 Ⅳ. ①K825. 6

中国版本图书馆CIP数据核字（2016）第209666号

一个人的倾城 ： 张爱玲传

作　　者：墨倾城
责任编辑：周　帆
责任校对：宣　慧
责任印制：王宝根　王雨涵
出版发行：新世界出版社
社　　址：北京市西城区百万庄大街 24 号 (100037)
发 行 部：（010）6899 5968（010）6899 8705 （传真）
总 编 室：（010）6899 5424（010）6832 6679 （传真）
http://www.nwp.cn
http：//www.nwp.com.cn
版权部电话：+8610 6899 6306
版权部电子信箱：nwpcd@sina.com
印　　刷：三河市航远印刷有限公司
经　　销：新华书店
开　　本：880 × 1230　1/32
字　　数：200 千字　　印张：9.5
版　　次：2016 年 10 月第 1 版　2017 年 11 月第 2 次印刷
书　　号：ISBN 978-7-5104-5934-4
定　　价：32.80 元

序一

XUYI

世间曾有张爱玲

她，特立独行！在没落贵族的最后一丝繁华里，以卓尔不群的奇特步调开拓了一片专属于她的浓墨倾染的天空。

她，文采天成，凭着上苍赐予的天赋和对文字无与伦比的敏感，年纪轻轻便红遍上海滩，创造了现代文学史上又一个洛阳纸贵的奇迹。

她，用尖锐的笔触划过旧上海社会中最后的奢靡，像一把利刃，直击人性和世间的本相，令无数张迷对她与她的文字痴迷不已。

她，在纷乱复杂的动荡里独树一帜，公然与“汉奸才子”胡兰成上演了一场倾城之恋，即便遭到了对方痛彻心扉的背离，也无怨无悔。

她，一生都站在政治之外，却因为胡兰成的身份，一度被推上新中国舆论的风口浪尖，只有带着伤痛挥别故土，在异国的土地上寻觅适合自己生存的一隅。

她，就是张爱玲，是胡兰成笔下的“临水照花人”；是余秋雨眼中寂寞的独行者。正如一个旷世苍凉的梦一样，她的一生是一个苍凉的传奇。

纵观张爱玲的一生，父亲的冷漠、母亲一次次的离弃、继母的苛待与教唆、弟弟的麻木与隐忍……亲情让她失望到了极点。她看到的只有人性的冷漠，只有世俗的肮脏和无情。于是，她变得敏感、变得冷漠、变得孤傲。张爱玲也只有在文学的世界里才能真正找到安慰和寄托，文学也成了她人生最大的主题。

世间，只得一个你

从阴暗冰冷的亲情中逃离出来，张爱玲便将自己埋入文字的深处。她最终之所以能够傲然屹立于中国近现代文学史上，成为一代又一代人痴迷的文学偶像，不仅是由于她出身贵族，从小便在父亲的影响下熟读《红楼梦》《海上花列传》等中国古典文学名著，更是因为她自小便显现出对文字的敏感力，再加上早熟和早慧，人情冷暖和世事浮华已然成了她掌控文字的最好元素。

事实上，张爱玲在20世纪中国现代文学史上的地位是十分“尴尬”的。她以自己特异的现代性体验来观照中国现代化进程中呈现出的人生世态。她把男女之情的本相，婚姻家庭的本质还原于凡俗的人间万象，让一切的风花雪月都归于生活的尘俗。于是，她的文风有一个只属于她的命名：张爱玲体，她的文字也成了中国现代文学史上的一个异数。

当时，傅雷称她的《金锁记》是“我们文坛最美的收获之一”；胡兰成赞道：“鲁迅之后有她，她是个伟大的寻求者。”她的出现成了中国现代文学史上的一次转型，她既是历史的“叛逆者”，又是历史的“先行者”和“预言者”。

也正因如此，张爱玲的名字响彻了半个世纪之久，张迷更是遍布全球。

张爱玲超越了那个时代，她在女性作家中是一个奇迹，她的思想和艺术影响力是深刻而久远的。时至今日，她的作品仍然屹立于各大图书网站的畅销书榜前列，她那不流于俗的写作手法仍然是无人能及的，她的名字仍铭刻在一代又一代人的心中。

最是一场倾城恋

爱情？

胡兰成曾给过。

当她的“两炉香”风靡各大杂志社的时候，当《传奇》红遍上海滩的时候，这一位在亲情里受尽冷落的女子，24 岁的张爱玲，也曾对爱情心向往之。

这该是多么至情至性的一位女子，她觉得爱了，便是爱，无关年龄与身份。胡兰成就是这样以一个“懂得”的身份出现在张爱玲面前的，于是，天才的文学家在这位已近不惑之年的情场高手面前沦陷了，她的感情那么直白，一如她那一针见血的笔力。

所以，爱情便是小轩窗前嬉戏后的一盏香茶，便是那一纸婚约上的“岁月静好，现世安稳”。也只是为此，张爱玲便“低到了尘埃里”，并在尘埃里固执地爱着。

赖雅也给过。

邮轮的一声鸣响打破了张爱玲和邝文美夫妇的告别，她匆匆踏上远去的船，那一摆黑色的裙裾成了她留给祖国大地最后的印象，张爱玲就此开启了在异国艰难的旅程。幸好，她遇见了赖雅，一位同样历经沧桑的左翼作家。在那些步履维艰的日子里，他给了张爱玲最动人、最真挚的温暖。当然，张爱玲也陪伴这位风烛残年的老者走过了他人生的最后十年，兑现了“与子偕老”的承诺。

似乎是这样，爱情与文学，张爱玲只能做好其中一个。

或许，还有桑弧……

但是无人能够陪伴她走向白发苍苍的年纪。

急景凋年，那一场繁华的落寞

一间宽大的房子、一本斑驳的老相册、一张张发黄的旧相片，这是赖雅离世之后，陪伴张爱玲走完人生最后一程的所有物品。远隔重洋的祖国，她的繁华依旧在，但是她那么孤寂，那么苍凉，仿佛那远隔重洋的繁华与她毫不相关。年老之后，张爱玲真正与世俗隔离，她钻进一间严严实实的小房子里，孤独地与“虱子”作战。以致有人说：

“只有张爱玲才可以同时承受灿烂夺目的喧闹与极度的孤寂。”在人生最后的岁月里，她早早地交代，将遗产留给了一生的挚友——邝文美夫妇。

离世的最后一刻，她的身边没有一个亲人，她就这样在孤寂中黯然离世……

时光漫漫，半个世纪之后的今天，张爱玲和她的文字仍是牵引人们释读却仍难解的谜。

张爱玲的一生，写不尽、道不完，几千年茫茫人世间，唯有这一人。她本身就是一部在凄冷苍茫中跌宕起伏的传奇。那么现在，就请诸位轻燃一炉沉香，听一段精致而苍凉、繁华又凄冷的故事，看这个敏感、孤傲、卓尔不群的“临水照花人”有着怎样传奇的一生！

序二

XUER

致张爱玲
——我也曾，从你的世界经过

你从古巷中那
氤氲了几世的浮华里走来
你从老上海那
沉寂了千年的浅滩边走来
你走来
似一滴清冷的露
从赭红色的朝霞里滚落到这繁杂的人世里来

带着一股倔强和清傲
你来了
家族的旧气给你着上了繁华而又凄冷的颜色

或许你早已明了

因为你撕开了

早早撕开了世俗那冷漠的冰纱

因为你看透了

早早看透了人性间那隐隐相隔的幔帐

你从《红楼梦》那

葬花人的孤冷凄清中走来

你从《海上花列传》那

街边妓的热闹非凡中走来

你走来

像一颗饱满的花种

在硝烟的另一端绽放出了奇异的光彩

携着满满的热情

你来了

“两炉香”正是你早有的赠品

你的心，心中荡气回肠的敏感

敏感下的孤独、叛逆和张扬

你终于找到了一个没有阴冷，没有离弃的世界

文字便是这个世界里的所有

于是，你的灵魂在这华贵的文字里翩扬，起舞

你从“尘埃”里

那翩落的缝隙中走来

你从“懂得”中

那悲切的定义里走来

你走来

宛如一角新描的蒲扇

在炫白的纸墨中急急地铺散开来了

和着那真真切切的情感

你来了

你以为这就是世间给你剩下的最后一份真挚

你以为他就是你接下来所有的路

于是，你放下了孤傲、矜持和那份独有的清高

只为了一次不值得的相拥

你拔掉了身上所有的刺

只愿与他，胡兰成

岁月静好，现世安稳

然而，这只是一纸空文罢了！只是一指流沙而已！
繁华散尽，只剩下你在红尘边上的疼痛里寻找和落寞

你要走
你要捂着伤口处那颤抖的疼痛离去
你要到大洋彼岸的陌生的境遇里去

你悄然淡出了红尘的视线
幽闭在自己的世界里
与那伴你一生的文字一起徜徉
任时光老尽，岁月干涸

你走了
正如那翩飞的玫瑰
红色，白色，
花瓣跟随着你的灵魂
飞扬出一个清高冷傲的弧度

你走了
在那独有的弧度里入洋，入海
魂归处

可是你那日夜吞吐着的思念

思念十里洋场边上

那浅滩中的江水?

然而,你可知

我也曾,经过你那灵魂深处的世界

遇见了

那一段苍凉的传奇……

目录
MULU

第六卷 爱，如果有来生

第七卷 愿，今生只作最后一世

第一卷

Chapter.01

风华，只是一指流沙

她，穿越海上的烟雨 >>>

晨风浸满了苦楚，吹旧了弄堂里那飘摇的叫喊。外滩上又一只满载的商船停靠了，长长的汽笛声荡起薄薄的雾气。十里洋场，处处笙歌，一身身华美的舞裙在笑声中飞扬，遮掩了远方那战争的硝烟和一些支离破碎的命运。旧事如烟，故国似梦。

1920 年，硕大的中国旧历上，漾起那个时代独有的迷茫和不知所措。或许是上天眷恋，古老的上海才得以在这种迷茫和不知所措中“独享”着一份舶来的平和。落日的余晖轻轻地洒在外滩上，唯恐打碎了这种平静。

古巷深处，那已没落的贵族府邸，声名显赫的张公馆里的人们，有的正要争先恐后地投身到外来的“洋气氛”中去，有的仍然在那墨香氤氲的书卷中纠结。不同的“追求”，同样的迷茫。

金秋，空气中夹杂着些许微凉的雾气。街上电车的铃声携着大减价的布店里一遍又一遍吹打着“苏三不要哭”，似乎在催促人们新的一天开始了。这也是张爱玲来到这世上的第一天。张煐，这是她的第一个名字。麦根路（今泰兴路）上那丰足富庶的一家就是她的出生背景。一幢祖上遗留下来的老洋房里，住着她的父母和一些佣人们。这天，为着张爱玲的到来，他们或高兴，或得意，或一如既往地迷茫。

兴许，她的父母都不曾注意，那个刚刚消逝的月圆如盘的夜晚，那一声被重重叠叠的房檐折回来的啼哭。9 月 30 日，或者是很平常的一天。

幸运和不幸，相伴而生。如果说那个时代出生的大部分孩子是不幸的，那么，张煐，也就是后来闻名于世的张爱玲是何等的幸运，她能称得上是名门之后，祖父是清末名臣张佩纶，祖母李菊耦是朝廷重臣李鸿章的长女。然而，谁又能预见将来的坎坷和不幸呢？

床榻上，不！应该是烟榻上，有一个穿着长袍马褂儿的男人，手持一支烟枪，正吞吐着属于他的云雾，那雾迷迷茫茫地荡漾了一片，又渐渐地缭绕开去，像极了扭动身体的女妖，欲将他带入那罪恶的“仙境”。可能大多数有着像他那样“体面”的家世的人都是这样，于他来说，这是正确的，他就是张爱玲的父亲张志沂（字廷众）。

突然，传来女人的声音，或许她刚刚做好了一套时髦的新衣服，或许她得了一对正流行的耳环，总之，她的声音里飘荡着些许兴奋，这就是张爱玲的母亲黄素琼（字逸梵）。佣人们渐渐停止了窃窃私语，奶妈正在那小小的摇篮旁静静地看着刚刚出生的小姐酣睡着，这小小的人儿，还不懂得什么，她那没有意识的梦里一片空白。

时光静静地流过，像极了外滩上那一望无际的江水。

这一天，张公馆门庭若市，汗流浃背的黄包车师傅们时而送来了一些穿着鲜亮的旗袍的女人们，她们一个个都烫了头发，盘着时髦的发髻，扭动的腰肢却显得可笑了一些；时而又送来了一些架着金丝边框眼镜的先生们，他们向男女主人脱帽致礼，拱手相贺，那一身身长袍大褂似乎要将那些沧桑的历史全部包裹起来，甚至还有一些小孩子们都跟着父母来到了这热闹非凡的大门前，他们的乳娘弓着腰，使劲拽着他们，生怕走散了。

“恭喜！恭喜啊！”

“请！请！”男女主人今天都刻意打扮起来了，为了迎接客人，他们起了个大早，虽不逢年过节，却比逢年过节更加令人高兴，因为这一天正是小姐一周岁的生日。

许是平日里的生活太过平静了，于是这偶有的、值得庆祝的事情便显得更加张扬起来，佣人们也有了些喜气洋洋的意思，在那平日里如一潭死水的厅堂里头忙着泡茶、摆点心。一位年老的佣人在小姐的小床旁边静静地站着，偶尔会有客人来将小姐逗弄一番。

这是第一次成为自己生命中现实意义上的主角，她太小了，她乖乖地，或是傻傻地看着那些逗弄她的人意兴阑珊地离去，外屋的几位太太窃窃私语，父亲的高声谈论，这一切的一切，都与她无关。然而，她这个无关的人还是要上场了，她究竟还是要当这个无关的主角的。

“抓周”，这个古老的定俗，可是今天的重头戏。不知道是谁在桌子上摆了一只大大的漆盘，盘子里放了很多东西，这些东西不外乎是笔、纸、钱币，或者还有针线、点心之类容易寻到的东西。一时间，所有人的目光都集中在了那细嫩的手指上，他们要看看上天会给出怎样的预示。

“是一枚钱币！”不知道是谁打破了这漫长的瞬间里的安静。人们松了一口气，抓住钱币，这预示是何其世俗啊，但是也足以满足人们一生富足的美好愿望。后来，有一位佣人说张爱玲抓住的是一支笔，但是她的姑姑张茂渊却坚称，她抓住的是钱币。几年之后，她父母离婚。张爱玲才越发明白，虽然生在这样一个不缺钱的没落贵族家庭，但是金钱，于她来说，是何等重要。

1922 年，张爱玲的父亲张廷众由在北洋政府做交通部长的堂房兄长张志潭引荐，在津浦铁路局谋了一个英文秘书的职位。他借此和哥哥分了家，成立了自己的小家庭。那时，张爱玲两岁了，她刚出生的弟弟正如她那时一样。

他们举家搬到了天津。彼时的张爱玲还不叫张爱玲，她恍惚地看见佣人们穿梭，眼前一片烟雨蒙蒙。这一次的离别，于她来说，毫无长亭道别的哀伤，也无河边金柳飘扬的愁绪。

两岁以前的生活似是一片空白，在张爱玲的记忆里，满满的都是一些切实的物质的存在。有些抽象的记忆也和在这物质里了，或许就是那件粉红色的纱衫，或许就是那张藤质的小靠椅，还可能是那辆儿童脚踏车。但是就算儿时有更多的物质充斥，也是很纯净的。

多年以后，这些很纯净的记忆变成了一本尘封的老相册。翻开，尽是些令人难以喘息的旧色，这旧色犹如那不小心泼洒的淡墨，满满地浸染了她孤寂而高傲，执拗又敏感的一生。

旧事：远去的贵族 >>>

张爱玲出身于一个贵族家庭，她的外曾祖父是李鸿章，这是在中国近代历史上响当当的名字，张爱玲的贵族血统也始于此。

众所周知，李鸿章是近代历史上举足轻重的人物，后世对他的评价也一直处于褒贬不一的状态，他先后代表清政府签订了丧权辱国的《马关条约》和《辛丑条约》，这使他恶名垂史，他那前半生为朝廷励精图治、克己守律的业绩在人们割地赔款的民族仇恨中几乎消失殆尽了。

但是这一切似乎并不能影响他在中国史书上不可磨灭的地位，他毕竟为那些不怎么体面的事务奉献了自己的后半生，不仅如此，他的克己奉公更是为他的政治生涯添上了浓墨重彩的一笔。

张爱玲的祖母便是李鸿章的大女儿李菊耦。1888年，李菊耦22岁，正值青春貌美，却尚未出阁。她自幼便与诗书相伴，深受父亲李鸿章的宠爱，李鸿章常常让她跟随左右，代看公文。李菊耦耳濡目染，言谈举止颇有男儿气概。

而此时张爱玲的祖父张佩纶，已是年过四旬。他被贬东北军营，回到京师，已不再是当年那满朝文武都待之恭敬的及第才子了，时过境迁，人事是非终成过往。

正当他仕途没落，夫人新逝，年少时的满腹经纶，报国之志已被消磨得所剩无几的时候，李鸿章却以一颗怜才之心再次提携他。不仅如此，还准备将自己22岁青春貌美的女儿许给他做继室。

李鸿章的这一决定，让妻子赵小莲深为不解，她坚决反对女儿嫁给这样一个已至不惑之年的没落才子，还大骂李鸿章是老糊涂。然而李菊耦却欣然同意，她相信父亲的眼光是不会错的。

张佩纶与李菊耦结婚后，深得岳父李鸿章的重用和提拔。然而，时局动荡，他在与俄关系上每每与岳父政见不合，又不能直接顶撞不从，于是便称病不出，携夫人离开北京，在南京盖起一幢大花园，从此幽居于此，闭户读书。夫妻二人相敬如宾，诗酒相随，过得逍遥自在。

然而，好景不长。晚年的张佩纶只能靠着妻子的嫁妆支撑家居用度。就连孩子们都对这个年老的父亲印象模糊，他们大概也是不喜欢这个不得志的父亲的。

张爱玲上中学的时候，听大人们说起自己的爷爷，非常惊奇，甚至去向姑姑一探究竟。姑姑断然地摇了摇头，说道：“一点都不记得了。”

1903 年，张佩纶去世，夫人李菊耦还不足 40 岁。她带着丈夫留下的 7 岁儿子张廷众和 2 岁的女儿张茂渊继续生活。46 岁那年，她便丢下一对儿女追随丈夫而去了。

这个轰轰烈烈的大家族正一步步走向衰落，在那个动乱的年代里，这个家族的贵族气韵正渐渐消逝。那些凄凉的旧事像夕阳在山后投下的光影，隐藏了山前那些支离破碎的命运，细数午时那逝去的繁华，独自忧伤，独自凄凉。

张廷众基本延续了父亲的落寞守成，他 7 岁的时候，张佩纶便逝世了，他的母亲，这位世家小姐严守家族传统，望子成龙。那厚重成功的家庭背景成为张廷众一生富足稳妥的靠山，但同时又是难以挣脱的巨大枷锁，他无论如何都走不出这道看起来辉煌靓丽的坎儿。无论是学习英语、看洋报，还是欣赏西方世界的开放自由，他始终带着没落贵族身上的陈腐味儿。

张爱玲的母亲黄逸梵同样出生于传统的官宦世家，她是清末南京长江水师提督黄翼升的孙女，黄宗炎的女儿。然而黄逸梵却不受家族传统的束缚，思想极为开化，是那个时代典型的新女性。她不甘于在深闺大院里平庸一生，渴望与她相伴一生的爱侣志同道合，共同营造一个完全不同于祖辈生活方式的新家庭。

但是她失望了，这个与自己才貌般配的丈夫与自己的期望完全背道而驰。她接受新式教育，聪慧漂亮，处处洋溢着时代的朝气，与他从旧的家庭中带来的老气横秋的遗少气息和恶习重重的公子哥脾气格格不入。

无论黄逸梵如何不满，张廷众依旧我行我素。然而，昔日的辉煌早已在一代一代的传承和时代的变迁里不再，正如那将落的太阳，怎奈这般凄凉。

百孔千疮，是谁错？ >>>

1922 年，张廷众和黄逸梵，这对看似金童玉女，实则极不和谐的夫妻开始了他们在天津的生活。他们把之前所有的不和谐都归咎于兄嫂的严苛管制。

张爱玲也随着一大家子来到了这个陌生的地方，在天津这栋半旧的花园洋房里浑浑噩噩地度过了她的幼年。她的记忆也从这里正式开始了，美好的或是痛苦的。

1924 年，父亲将张爱玲送进私塾学习，那一年，她 4 岁。

清晨，像往常那样，年老的佣人将张爱玲抱到母亲身边，她趴在那方格子的青棉被上，等母亲完全清醒过来的时候，她便跟着母亲不知所云地背唐诗。那高高的黄铜床、那青涩发亮的青棉被，或许是母亲眼里最后的关于家的记忆，也是张爱玲眼中最初的对于母爱的定义。

父亲常常要在那“仙境”里畅游，不和他们一起起居。而张爱玲对父亲最初的印象不过是那饭后踱过的一块块方砖，或者是那似乎从来都不会重复的高声朗诵。

没有了兄嫂的经济管制，张廷众更加肆意起来，他对鸦片的瘾已经到了不可控制的地步，还公然娶了一位姨太太，安置在外面的小公馆里。

有一次，父亲要带张爱玲去姨太太的小公馆里玩儿，张爱玲却死活不肯去。张廷众抱起张爱玲便走出门去，走到门口的时候，张爱玲还伸出小手，紧紧扳住门，双脚乱踢。这下让张廷众发火了，他扬起手打了张爱玲几下，就硬生生地将她塞到车里去了。

那间小公馆一派富丽堂皇的样子，张爱玲显得有些拘谨，这是她第一次来父亲的姨太太家，她看着那些红木家具倒不稀奇，那姨太太也不可怕，还拿出一些糖果来给她。云母石的雕花圆桌上放着几个高脚银盘子，张爱玲吃着姨太太递上来的糖果，很快就放下了警惕和芥蒂之心，变得温顺起来。

黄逸梵对这段婚姻失望透顶，她也不再劝说丈夫回归正途了，她知道与丈夫道不同，便索性追求自己想要的自由生活去了，学钢琴、学外语、按照西洋风格打扮自己……这又引起了张廷众的不满，夫妻二人之间的嫌隙愈拉愈大，矛盾越来越深。

不久，黄逸梵得知小姑张茂渊要出国留学，便借口小姑需要监护，一同去了法国。至此，小小的张爱玲和她那 3 岁的弟弟的印象里就少了母亲这一角色。

逐渐长大的张爱玲已经到了记事的年纪，父母的不睦已经能够在她心里浅浅地留下一些阴影了。母亲出国留学之后，父亲就让姨太太搬进了那栋花园洋房里。

姨太太，人们都唤作“老八”，以前是个风月场上的女子。她搬进来之后，家里就开始变得热闹起来，时常举办一些宴会。以前，张爱玲从来没接触过这些东西，她只是好奇，常常躲在帐子后面看那些打扮新奇艳丽的女子，她们大约都十六七岁的样子。

张爱玲没有弟弟长得好看，却因此颇受姨太太的青睐，她出门去起士林跳舞的时候，常常会带上张爱玲，把她安顿在那放着大奶油蛋糕的桌子旁，自己就跃进那灯光闪烁的舞池里去了。张爱玲看着舞池里那些怪异的动作和进进退退的步伐，觉得既新奇，又困惑。

她一口一口地吃着桌子上那个与她一般高的蛋糕，不一会儿就吃完了那一层层的奶油，然后不知道什么时候就沉沉地睡着了。凌晨三四点的时候，佣人赶来将她背回家去，她迷迷糊糊地啃着小手上残留的奶油，在梦里回忆那甜甜的味道。

姨太太在风月场上厮混惯了，来到这个沉寂的大院里后颇不习惯，要管着那十几个来来往往的下人，又要照看两个不懂事的孩子。她的脾气变得越来越坏，对待下人，动不动就打骂。

张爱玲算是比较幸运的，但是偶尔也会害怕这位姨太太，她识得几个字，有时会听姨太太的侄子来背书，背不出，扬手便打，丝毫不留情。

张爱玲很少进姨太太那间阴暗杂乱的大房里，除非要到父亲的烟炕前背书。有时候，张爱玲会碰到姨太太打她侄子的情景，看着那巴掌和着叫骂声噼里啪啦地落下去，每当这时，她就扬起小脸望向父亲。

张廷众心情好的时候，也会把她抱在膝上，一句一句地教她背唐诗古文，她背完，看到弟弟走过来，又忙跑去荡秋千了。

夏季，院子里的树荫一坨一坨的，甚是凉爽，张爱玲穿着一件小红桃子的短衫和一条红色的单裤，安静地坐在板凳上看一本谜语书，佣人何干端来一碗六一散，那淡绿色的汤汁散发出涩而微甜的味道。

“小小狗，走一步，咬一口。”张爱玲一念完就能猜出是何干常用的剪刀来。

弟弟一天天长大，虽然长得好看，身体却不是很好。机灵的张爱玲常常把弟弟当作好看又好玩的小玩意儿，她让弟弟也学着她的样子编个小故事，弟弟还没说完，她就被逗得不行了，还狠狠地在弟弟的脸颊上亲一口。

夕阳西下，厨房里，厨娘金大妈正在做饭，那咚咚的切菜声远远地传来……

然而，在那栋花园洋房里，这美好的光景并不长久。张廷众渐渐地不去上班，吸食鸦片、嫖妓等，这些恶习不仅影响了自己，甚至连累了堂房长兄张志潭，不久张廷众失去了英文秘书这个闲差。他那位姨太太也终究还是不耐烦了，经常在家里大打出手。

1928 年，那或许是一个糟糕的午后，张廷众坐在阳台上，重新调整了一下额头上那块湿毛巾，想起前几日那嚣张跋扈的姨太太举起烟灰缸打他的一幕。他目光呆滞，不禁喃喃自语："离死不远了。"

对于这样的荒唐，终究是烦了，想要回头了。他黯然执笔，写信求妻子回国，答应戒毒，还写了一首小诗：

才听津门（金甲鸣），
又闻塞上鼓鼙声
书生（自愧只坐拥书城？）
两字平安报与卿。

括号里的字都是年深日久，张爱玲记不清楚了，瞎猜的。黄逸梵将这首诗随身携带多年，直到成为遗物交给张爱玲，一起交给张爱玲的，还有张廷众的一张照片。

旧家庭出来的女子，不太容易适应异国他乡的生活，比如徐志摩的前妻张幼仪，但黄逸梵不是。她终于来到了一直向往的文明社会，以一个勤勉的学生的姿态扑向那新鲜的事物中去了，艺术、礼仪、穿衣打扮、生活方式……与过去不同的这一切，都值得羡慕，都应该学习。没错，她很快就从中国的小脚女子，变成了西洋化的美妇人。

但到底是不能彻底的，这时她已经生下了张爱玲和张子静，再者，张廷众也不像《红楼梦》里的贾珍、贾蓉乃至贾琏那样全无心肝。即使黄逸梵努力将自己西化，对于这中国式的感情表达，也不能完全无感，得到浪子回头的允诺，又难舍感情的牵绊，离国四年之后，黄逸梵归来。

这一年，张爱玲 8 岁。对于母亲的记忆大概依然停留在那方格子的青色棉被上。如今，那古老的青色棉被要回来了，她也随着佣人们“这下可好了”的感叹觉得高兴起来。

那年离家，她没有记忆，天津于她来说就是第一个家，所以，她还不明白“回上海”的意义，更不知道父亲是羞于面对在天津的丑闻才决定搬回上海的。总之，在一个别样的清晨里，他们启程了。张爱玲看着从船底荡漾出一圈圈水花的海水，她由衷地高兴。

亦曾渴望，一种怀抱的温暖 >>>

1928年，张廷众带着一大家子回到了上海，黄逸梵和张茂渊还没有回来。他们暂住在成定路一条里弄中的石库门房子里，房子很小，张爱玲觉得这里没有天津那所房子敞亮，但是那红细板壁却红得让人快乐。

母亲回来了，张爱玲对母亲的印象是极其模糊的，她只记得有天，母亲穿着一身绿衣绿裙，伏在竹椅上痛哭的情景……而后，家里就没有这个女人了。

他们又搬到了一所花园洋房里，家里也因着母亲的归来，变得不一样起来。张爱玲觉得，所有的东西都不一样了。连父亲也不成天拿着烟袋子了，他已经下定决心痛改前非。

“怎么给她穿这样小的衣服？”这是黄逸梵看见女儿的第一句话，

她很快就为女儿赶制了新的衣服，张爱玲不再穿那皱巴巴的小衣服了。

母亲的归来，对于孩子来说，在何时，都是令人兴奋的。张爱玲的兴奋很快转移到了母亲带给她的那个从来没有的，无比新奇的世界。黄逸梵经历了几年的游学，显得越发高贵不俗了，她常常操着一口流利的英文与那些穿着时髦的宾客一起谈论，有时还坐在钢琴前弹奏悠扬的曲子，这一切，张爱玲都觉得美好极了。

有一天，母亲和姑姑又坐在那神圣的钢琴前弹奏起来，母亲还站在姑姑背后，唱了几句词，张爱玲觉得非常好听。她痴痴地坐在门边看着，情不自禁地说道："真羡慕哇！我要弹得这么好就好了！"

母亲和姑姑听见她这样说，便觉得她是音乐上的可塑之才，迫不及待地将她送去学钢琴。有时候，母亲还会带她去听音乐会，再三叮嘱她："绝对不可以出声说话，不要让人家骂中国人不守秩序。"

除了学习钢琴，母亲还教她学画画，张爱玲从小就喜欢画画，有了母亲的指点，她觉得自己学得更加带劲了，她把画的小房子涂成红红的颜色。母亲告诉她，画画的背景最忌讳红色了，她却不听，她喜欢那样的颜色。家里给房间上漆的时候，她还专门挑了橙红色，显得温暖亮丽。

张爱玲也在这个时候开始读《三国演义》《西游记》《七侠五义》等古典名著。这一年，她还尝试写了一篇类似乌托邦的小说《快乐村》。快乐村是一个难得的快乐的村庄，村里的人是一个好战的高原民族，因为征服苗人有功，便获得特许，免征赋税，享有自治权。所以，快乐村里的人自耕自织，每天都很活泼快乐。张爱玲下定决心要写一篇洋洋大作，她还把很多练习簿缝在一起。不仅如此，她还利用自己喜欢画画的优势，为小说配了很多插图。然而，到底是小孩子，她很快就对这伟大的题材失去了兴趣，那些插图倒是保存了下来。

1930 年，母亲主张将 10 岁的张爱玲送进学校，父亲却大闹一场，死活不同意这“荒唐”的提议，但是她还是被母亲像贩卖人口一样偷偷送进学校去了。

因为从小识字读书，有相当的基础，张爱玲进入黄氏小学四年级插班就读，在填写入学证的时候，她觉得“张煐”这两个字嗡嗡的，不响亮，就自作主张重新给自己取了一个。

那或许是个阳光溢满的午后，她支着头想了一会儿，说：“暂且把英文名字胡乱译两个字吧。”Eileen，按音译为“爱玲”，从此“张煐”就改为了“张爱玲”。

黄逸梵感到力不从心，她始终拗不过丈夫的偏见，以致再也没有能力去管儿子了。几年之后，张爱玲也深深地意识到了这一点，父亲又抽上了鸦片，花销很大，更加不肯把钱花在张爱玲和弟弟的教育上了。

总之，那个时候，所有在张爱玲看来很美好的东西，父亲都不喜欢。张廷众离不开鸦片那微妙隐晦的可爱，即便它声名狼藉，他也对它难以割舍。就算为了妻子，为了家庭稳定，愿意洗心革面，那也是一时的。脱离鸦片的痛苦，他承受不了。戒食鸦片，光有愿望是不够的，还要有力量，把自己从过去连根拔起，即便血肉模糊也在所不惜。张廷众做不到。

时间是多么奇妙的东西，它使人与人之间不计前嫌，和好如初，又使人与人之间心生芥蒂，再度分离。但是，这是时间的错吗？或者，这是距离的错吗？

黄逸梵刚回国时的快乐氛围很轻易就被破坏掉了，张廷众故态复萌，不但照样抽鸦片逛妓院，连家用都不拿出来，想着把妻子的钱耗光了，她就得老老实实地待在家里。

争吵！争吵！一切似乎又回到了天津。

院子里养着一条大狼狗，张爱玲常常拉着弟弟在院子里追狗玩儿，或者是在阳台上蹬脚踏车。玩着玩着就传来父母争吵的声音，佣人们拉着姐弟俩说道：“又吵起来了。”

晚春的一天，姐弟俩坐在阳台上那三轮的小脚踏车上，阳光依旧是快乐的，它透过那新挂的绿竹帘子，满满地洒了一地，似乎是像往常那样找这对快乐的姐弟俩玩耍来了，但是今天怎么了，为何俩人都不作声？

很快，那无休止的令人害怕的争吵有了结果，他们终于还是离婚了。新时代的冲击成了他们婚姻的破坏者，在那个时代的大波大浪中，他们的个人思想就如那两道悬崖之间的缝隙中偷生的小草。

谁能说得清孰对孰错呢？何况是夹杂了感情的事，本就是说不明白的。

难得的平静 >>>

1930 年，张廷众和黄逸梵离婚了，张爱玲和弟弟张子静都跟随父亲生活。她的童年就这样匆匆结束了。

母亲搬走了，张爱玲回想起在天津的那个午后，父亲捂着额头上那块湿漉漉的毛巾，问她：“你想妈妈吗？”

“不知道。”张爱玲老老实实地回答。“妈妈是不是真的不回来了？”

“她回来，也可能还是会走的。”父亲答非所问，又叹了一口气。

如今，她终于明白了父亲那天说的话，更读懂了父亲那天的叹息。

午后，没有阳光的午后，或许是那鸦片的云雾遮住了阳光。

是谁在那角落里暗自神伤，有着说不出的不快乐和不知所云的压抑。她也不知道自己怎么了，只是安静地在那云雾里坐着，这个没有希望的下午，让人不知不觉地沉下去、沉下去……

没有母亲的日子，她应该是习惯了的，似是回到天津的那个时候，可是那古老的一去不复返的方格子的青色棉被还是不断地在她眼前浮现。还有，还有红色和蓝色的钢琴敲击的声音也不断地敲打着她的心弦。

她觉着自己开始憎恶这午后的阳光了，还有那遮住阳光的云雾，她也开始觉得可厌了。她知道父母离婚意味着什么，可能不单单是这个明亮的、温暖的家不见了。唯一可喜的是她可以时常去看望母亲。

1931 年，张爱玲从黄氏小学毕业，进入上海白利南路（今长宁路 1187 号）美国圣公会所办的贵族学校圣玛利亚女中就读。

而这时，母亲却要再度离去。黄逸梵是追求自由和尊严的，她的一生也似乎只为这两个词而活，她甚至为此抛下了孩子，丢掉了家庭。可是谁又能阻挡呢？她的心又要飞到海外去了。自由才是她最终的归宿，法国就是这个归宿的下一站。

张爱玲爱着她的母亲，骨子里也带有她母亲的那种执拗和孤傲。

那天，母亲到学校里与张爱玲话别。谁都没有流泪，纵然有无限的牵挂和不舍。起风了，母亲那高瘦的影子越拉越长，有一个孤零零的身影在夕阳里随风飘摇，校园里高大的松杉遮住了长长的视线。

她神情漠然，久久地伫立着，红色的铁门好似与她对视，生硬地告诉她："你母亲已经离开了。"她立刻觉得这样的情形应该有眼泪的存在，于是，眼泪扑簌簌地滚了下来。寒风中，她大声地，肆无忌悼地抽泣着，她哭自己，哭那逝去了的方格子的青色棉被和那明亮的温暖的感觉。

童年远去了，母亲又走了，这一走给她留下的是一个陌生的，不认识了的父亲。有一次，学校的钢琴课需要缴费了，张爱玲来到父亲的烟榻前，看着那雕了花的旧烟枪在云雾中一晃一晃的，她紧咬嘴唇，局促不安地向父亲嗫嚅开口。那个烟榻上的男人似乎要将对妻子的不满转移到女儿身上，他撇过头来，用浑浊的、空洞的双眼看了看她。一张烟雾缭绕的床榻成了这父女间不可跨越的鸿沟，这鸿沟吞噬了那珍贵的亲情，爱也随之消失了，她唯有沉默地离开。

但是父亲心情好的时候，也会表现出慈父情怀。张廷众每每吸足了鸦片，也会带着女儿去戏园子看看京戏，到亲戚家走动走动。那时张爱玲家与舅舅家住得很近，父亲又跟舅舅有相同的癖好，不免多走动走动。张爱玲也最喜欢去舅舅家了，那里有与她同龄的表姐妹，她们一起看电影，一起读小说，一起说着那些说不完的少女悄悄话。

父亲的大书房也是张爱玲的乐园，她常常钻进那间摆满各种各样的书的大书房里读书，古典四大名著、时下流行的鸳鸯蝴蝶派的书籍等都是她喜欢看的，父亲对这些书都颇有研究。有时候，父女俩也会讨论书中的内容。

那套石印本的《红楼梦》放在书架上最醒目的位置，张爱玲被这本书里那纷繁复杂的人和事迷住了，她看了一遍，隔几天，还要去看几遍，几乎把那套书翻烂了。

后来就一时兴起，写了个纯粹鸳鸯蝴蝶派的章回小说《摩登红楼梦》，拿回来给父亲看。张爱玲将摩登上海滩上的今人今事搬到红楼梦的大观园中去，竟能自成一体，融合得天衣无缝。父亲读罢，大喜过望，沉吟片刻，然后大笔一挥，就替爱玲的《摩登红楼梦》拟了六回回目。

那一段日子，因为母亲的离去而多多少少有了些缺憾，但毕竟也还算是平静幸福的。

父亲与伯父分家时，分得一大宗房产，父亲虽在经营上很不上心，但家底也还是殷实的。那时候，张爱玲仍然住在学校里，是名副其实的张家大小姐，这也大大剥夺了她的生活能力。

星期一早上，家里的司机会将张爱玲送到学校里去，星期六再把她接回家。每个星期三，她的保姆何干都会去学校里看她，给她送食物和换洗的衣服。

她不知道怎样坐电车，甚至根本不认识回家的路，每次去电影院看电影，看完后就站在影院门口等着家里的司机来接她，她竟然连自己家的车子号码也认不得，一定要司机来认她，然后领她回家。她简直就是生活里的低能儿，但是没关系，她只要安心做她的大小姐就好了。

母亲走了，那个她能感觉到温暖的家，只剩下了姑姑。她依旧常常去母亲和姑姑的家，甚至将对母亲的感情寄托在姑姑身上。她常常会到姑姑那里去追寻母亲的身影，她还常常制作一些卡片寄给母亲表达思念。有一年放寒假，在圣诞节前夕，她就找来画笔、硬纸板、剪刀等工具，做了一些美丽的卡片，再精心想词，写在卡片上，然后再把这满满的浓浓的思念与祝福，给隔了迢迢山水的母亲寄过去。

年少的时候总是有很多新奇的想法，她做着做着卡片，就自然地想到要学着报社的样子做一些报纸。她找来一张洁净的大白纸，分成几个版面，自编自写，还配上图，很快就做成一张颇像样的报纸，内容就是家里一些鸡毛蒜皮的事。张廷众看到女儿的杰作，颇为欢喜，又有些得意。家里一来人，他就得意扬扬地拿出来给人家看："这是我家小煐做的报纸副刊。"

12 岁那年，张爱玲在圣玛利亚女校的校刊上发表了她的短篇小说处女作《不幸的她》。1933 年，在该校刊发表她的第一篇散文《迟暮》。

一个人的落寞 >>>

就在张爱玲感觉到日子正平静而顺畅地流过的时候，很多亲友却悄悄地给父亲说亲，巴结这大户人家。1934 年，民国政府前总理孙宝琦的女儿孙用蕃就成了张爱玲和她弟弟的继母。

孙用蕃嫁过来之后，就紧锣密鼓地在家里实行“新政”。首先，为了节省开支，她辞掉了家里很多佣人，每个人的吃穿用度都由她一手操持。张爱玲还没有从父母离婚、母亲离去的阴影中走出来，就又来了这样一位独断专行的继母，她感到心里很不是滋味，却是敢怒不敢言。

他们从那花园洋房里搬到了最初的那栋房子里，那里曾是张爱玲出生的地方。

这是一座深宅大院，里面有二十多个房间，重重叠叠的屋檐压得她喘不过气来，她对这座大院没有印象，又觉得似乎很熟悉的样子。大而深的院子，只住着一家几口，整栋院子越发显得沉寂压抑。张爱玲甚至觉得有太阳的地方让人瞌睡，没有太阳的地方又如古墓一样阴森。

更让张爱玲无法忍受的是，这位继母和父亲一样，有大烟瘾。每当她从学校里回来，都看到父亲和继母同榻相对而卧，一起在那栋古旧的大房子里吞云吐雾。

张爱玲对这位继母的憎恶更加深了一层，就像她从小就讨厌那飘不尽的鸦片烟雾一样。

张爱玲越发变得不喜欢说话了，放假回家也只是简单地打个招呼以示礼貌，她更不愿意叫继母一声“妈”，只是冲着父亲的面子叫她一声“娘”。

孙用蕃在这个大家庭里，是不怎么受欢迎的，尤其是不受敏感、聪颖的张爱玲的喜欢。她尽管也不满意，但是也是要做做样子的，为了笼络孩子的心，为了在那个大家庭里立住脚跟，孙用蕃也还是用过一番心思的。

新婚不久，孙用蕃便带着张爱玲和张子静到杭州一位亲戚那里去游玩。张爱玲却一点儿也不领情，她看着继母与她那些数不尽的姐姐妹妹说着没完没了的话，就心生厌恶起来。她心里想着，上海的电影院里正在放映一部电影《风》，是她喜欢的女演员谈瑛演的。

因此，去杭州的第二天，张爱玲便吵着要回去，理由就是要回去看电影。孙用蕃觉得很没面子，但还是拗不过张爱玲，便匆匆赶了回去。两人之间的嫌隙因此更重了一层。

从此，张爱玲过上了真正严苛的生活，她甚至在此后好几年都没有穿上过新衣服，这对于一个从小就有恋衣癖的女孩来说，无疑是残忍的。她穿着继母的旧衣服躲在学校的角落里沉默着，她小心翼翼地维护着自己的尊严，甚至没有交到一个朋友。

但是，孤僻的性格丝毫没有影响到她的学习成绩，尤其是国文课。学校里新来了一位国文老师，叫汪宏声，他从张爱玲的一篇文章里看出了这个平日里少言寡语的女孩惊人的文学天赋。在一次作文课堂上，汪先生请同学们以“学艺叙”和“幕前人语”为题作文，那个时候，在座的所有学生都是英文好过国语的，甚至有人还将请假条写成“某某因病故请假一天”真是令人啼笑皆非。

对于这样的题目，同学们都感到了前所未有的压力，一副副“为赋新词强说愁”的样子。这次作文的成绩果然不出汪先生所料，他一边批阅，一边感慨，突然眼前一亮，一张署名为张爱玲的试卷令他刮目相看，题目为《看云》。

发卷那天，汪先生格外留意张爱玲，她的那篇《看云》虽然夹了几个错别字，却写得神情潇洒，辞藻瑰丽。他还特意当着全班同学的面朗读了张爱玲的文章。

“爱玲的文章是这次写得最为出色的。以后你们写文章，要注意思想应以真实为主，形式不应再被过去的规范所束缚，像爱玲那样的作文才称得上是写文章。”

张爱玲一向不爱说话，大概所有的教师甚至同学们都不大留意这个瘦骨嶙峋的女孩，得到这样的夸奖，她依然表情麻木，不为所动。

其实不仅是这一篇文章，张爱玲少女时代发表在小刊上的文章都预示着她的未来，她那忧郁缠绵、辞藻瑰丽的笔调中也透露出她独有的早慧和敏感。

尽管如此，在学校里得到的夸奖还是冲不淡她的自卑和落寞，那丝丝缕缕的无奈和孤独随着继母的苛待和父亲的漠然愈来愈严重。

有一次在饭桌上，为了一点儿小事，张廷众不由分说，反手便打了儿子一个嘴巴，打得既干脆又利落，十分熟练。张子静一僵，原本苍白的脸色更为苍白，接着泛起一丝红晕，然而他什么也没说，只是低着头继续扒饭。坐在一旁的张爱玲却猛然震动，仿佛那一巴掌打在自己脸上似的，心里针扎一般，拿饭碗挡着脸，忍不住流了泪。

“又不是说你，哭什么？”孙用蕃不以为然地讪笑。

张爱玲再也忍不住了，丢下碗冲到隔壁的浴室里，对着镜子哭了许久。她哭父亲的凉薄，哭继母的苛刻，哭弟弟的孱弱与麻木，也哭自己的无可奈何。

1937 年夏，张爱玲从圣玛利亚女校毕业。她说：“中学时代是不愉快的。”然后就匆匆结束了中学时代的生活。然而，噩梦才刚刚开始，张爱玲或许已经预感到这一点，她与这个家的矛盾越来越深。

难解的噩梦 >>>

1936 年，黄逸梵携美国男友回到上海。初春时节，正是一个人充满生机、放飞希望的时候。黄逸梵的再度归来，便是张爱玲的希望。

再次经历了西洋风雨的洗礼，张爱玲觉得母亲虽在岁月里越走越远，但是风韵犹存，更加美丽了。黄逸梵的确是为了女儿的前途回来的，她希望张爱玲也能够出国留学，她要将女儿培养成一名十足的西洋淑女。与母亲一同回来的还有她漂亮的男朋友，一位做生意的美国人。

为了张爱玲留学的事，黄逸梵去找张廷众商量，但是张廷众却避而不见，他一直忍受不了妻子的做派，即使是离婚了，仍然不能忍受，他甚至将对妻子的恼恨也强加在一向疼爱的女儿身上了。

那天，张爱玲怯生生地回家去，站在父亲的烟炕前说出想去英国留学的想法时，张廷众再也忍受不了了，他像一头恼怒至极的凶狮，新仇旧恨，一并涌来。他曾经看着自己心爱的妻子为了所谓的新思想、新教育离他而去，如今女儿竟也要重蹈覆辙。他大发雷霆，那抽搐的满面怒容让张爱玲一动也不敢动，只是支支吾吾地说着自己的理想。她知道自己不能顶撞，经济大权在父亲的手里，他攥着自己的学业、前途。

张廷众认准女儿是受妻子挑唆，便把对前妻的恼怒一股脑儿地发泄到女儿身上。

孙用蕃在一旁幸灾乐祸，悠悠地说道："你母亲离了婚还要干涉你们家的事。既然放不下这里，为什么不回来？可惜迟了一步，回来只好做姨太太。"

张爱玲听着这挖苦的话，也更加恼怒了，她想着，再找机会与父亲说吧。

1937 年 7 月 7 日，"卢沟桥事变"迅速让中国更深地沦陷了。同年 8 月 13 日，淞沪会战爆发。

张爱玲住的地方离中日交战区非常近，苏州河畔变得极不安静起来，隆隆的炮火仿佛就在头顶，在身边。

有一天，张爱玲找到父亲，向父亲请求先搬到母亲那里去住一段时间。父亲抬抬眼皮，什么都没有说。

张爱玲以为是默许，便高高兴兴地搬到母亲那里去了。

命运就是如此，当你无力主宰它的时候，只能被它牵着鼻子走，而且，还无法再回头，重新来过。

张爱玲安心地在母亲那儿住了两个星期。从母亲家回到父亲家，她还没有预感到一场暴风雨即将来临，只记得临走时，母亲左右叮嘱，无论父亲怎么发火，都不能顶撞。

“你怎么走了也不在我跟前说一声？”张爱玲一进门就遇上阴沉着脸的继母。

“我已经跟父亲说过了。”她淡淡地答道。

“噢，对父亲说了！你眼睛里哪儿还有我呢？”孙用蕃显然是觉得这个倔强的少女没有把她放在眼里，更别提把她放在母亲的位置上了，她感到自己颜面尽失，在这个家里的地位还不如一个小丫头。

张爱玲没有再说什么，准备转身上楼的时候，一个大大的巴掌就干净利落地重重地落在她的脸上了。张爱玲一下子愣住了，她感觉脸上火辣辣的，脑袋嗡嗡地炸开了。她本能地跳起来，要还手过去。刚一扬手，就被旁边的佣人拉住了。

孙用蕃看到她准备还手，更加恼怒了，她冲着楼上跑去，一边跑一边尖叫着：“她打我！她打我！”

张爱玲在刹那的愤怒之后，头脑便快速清醒过来，她一动不动，冷冷地看着继母跑上楼去。几个佣人也不知所措，所有的一切开始变得明朗起来。暗沉沉的餐厅里，百叶窗借着窗外的树影投进一条一条的光来。饭桌上已经摆满了一桌子饭菜，鱼缸里的金鱼不知道到哪里去了，空荡荡的水中只有几根橙红色的水藻。一切似乎都静止了，这静止可怕极了。

张爱玲冷冷地扫过这一切，片刻之后，就传来父亲骂骂咧咧的声音，他一边骂一边冲下楼来，拖鞋发出沉闷的“吧嗒吧嗒”的声音，张爱玲站在原地，她感到有些迷茫，不知道将会发生什么。

“你还打人！你打人我就打你！今天非打死你不可！”张廷众冲下来，不由分说地揪住了女儿，对她拳打脚踢起来。

像一只受伤的小鹿又接着被蹂躏一般，张爱玲只感到父亲那厚重的巴掌像冰雹一样落在她脸上，身上。她瘦小的脸偏到这一边，又偏到另一边，她的世界里只剩下了嗡嗡声和眼角直冒的金星了，她没有哭，更没有反抗，脑子全是母亲的叮嘱，一遍又一遍地支持着她：“万一他打你，不要还手，不然，说出去总是你的错。”

时间走得很慢，墙上的摆钟嗒嗒地混到这一顿怒打中来了。张爱玲越是不躲闪，不反抗，就越激怒父亲，他讨厌这像极了前妻一样的倔强的性格，失去了最后一点作为父亲的慈悲和怜爱。他对妻子多年的怨恨就在这一刻，化成尖冰利剑，落向了这个他一直引以为傲的女儿。

张廷众依然没有打算住手，他大口大口地呼着气，又揪住张爱玲的头发，用力地踢……

站着，坐着，躺着……张爱玲冷冷地麻木地承受着，她心中那一份所剩无几的亲情正在飞快地消逝，对这个家，父亲的家，她已经没有半点眷恋了。她想到了死！与其这样受尽折磨，倒不如死去，或许就解脱了。

父亲终于打累了，终于停了手，气咻咻地上楼去了。张爱玲缓缓地从地上爬起来，走到浴室里去，镜子里的她满脸红指印，嘴角还带着紫红的瘀伤。张爱玲没有哭，自始至终都没有流一滴眼泪，她的眼睛里只有怒火，这怒火烧毁了一切，所有的一切。

张爱玲转身走出浴室，她要到巡捕房报警，此时，模糊的意识才渐渐复苏。走到大门口便被家里看门的巡警拦住了："门锁着呢，钥匙在老爷那儿。"张爱玲没有办法，看来父亲早就有准备。她彻底崩溃了，试图撒泼叫闹，想引起大门外几个岗警的注意。但是根本没用，大门外晃来晃去的几个岗警，也只冷漠地朝这边瞟了几眼就走开了。大户人家的家事，不在他们的巡查范围之内。

张爱玲看到这样毫无用处，就转身回到家里，但是吵闹声却再次激怒了父亲。她一进屋，父亲就顺手抓起一只青花瓷大花瓶朝她掷过来，幸好张爱玲的头偏到一边，那只漂亮的大花瓶就重重地砸在她身后的白墙上了，花白的瓷碎了一地。

何干从外面办完事回到家中，正碰上这一幕，她还来不及问明缘由，眼泪就唰唰地流下来，她心疼极了："你怎么会弄成这样呢？"

至此，这个少女隐忍了太久的泪水才疯狂地涌出来，她扑到何干的怀里，放声大哭，不知道哭了多长时间，才止住泪水。在这个阴沉沉的像极了牢笼一样的家里，只有眼前这个善良的女佣才会疼惜她。

何干不敢多问什么，当着张廷众的面，她甚至不敢多安慰一下这个可怜的女孩儿。

张爱玲就是在这场惊心动魄的家暴之中对亲情彻底失望了，对这个曾经带给她欢笑和苦恼的家彻彻底底地失望了。此后，她的笔调中流露出来的所有的冷漠都与此不无相关。

被父亲暴打的当天，张爱玲就被关在了楼下那间大大的空房子里，房子里只有一张光秃秃的床，她就那么顺势躺在光光的床板上，一直哭，一直哭……没有人敢来问候一声。父亲早就交代过，任何人都不许理这个倔强的大小姐，他要看看她的骨头到底有多硬。

张爱玲哭得嗓子几近要失声了，何干悄悄到她的屋檐下低声安慰了几句，但不敢过多逗留，就急急忙忙地走开了。她不知道自己哭了多久，哭着哭着就在那张红木床上昏昏沉沉地睡去……

第二天，张爱玲的姑姑便得知消息，她匆匆赶回来为张爱玲求情。这兄妹二人，早就积怨已深，如今又是为张爱玲求情，一进门，孙用蕃就尖酸刻薄地说道："哟，是来捉鸦片的吗？"

张茂渊还没开口，孙用蕃扇的风就将张廷众的火点着了，他没等妹妹开口，就将手里的烟枪掷了过来，张茂渊躲不及，鼻梁上的眼镜便随着烟枪一起掉到了地上，碎裂的镜片划伤了她的脸，殷红的血突突地冒了出来。张茂渊拂袖而去，发誓从此不再跟这个家有任何关系，她没有报案，毕竟家丑不可外扬。

张爱玲只能在那个空落落的大房子里继续待着，谁都不能把她救出来。

时间一天天过去了。秋天的脚步越来越近，张爱玲依旧独自在那间空房子里待着，她以为父亲关她几天，等气消了，就会放她出去，没想到……她感到这囚禁没有了尽头。

这一年，张爱玲已经17岁了，她坐在那空落落的屋里，把这十几年里走过的路重新拼凑了一番。空落落的红木大床上摊着薄薄的、破旧的被子，到了吃饭的时候，有人会应了吩咐给她送来些寻常的便饭。刚开始的时候，张爱玲赌气不吃，佣人又把饭菜端回去，张廷众说："不吃就让她饿着。"父亲的冰冷已经到了这样的地步，张爱玲再度绝望到了极点。

正是长身体的时候，张爱玲的身体很快就在这样的冰冷和自己的倔强中垮了，她日渐消瘦，疾病正匆匆赶来。

多少个静悄悄的夜里，张爱玲坐在宽大的床上，看着月亮那淡黄色的光一束一束地照进来，洒在朱红的床沿上，带着些深秋逼人的冷气。张爱玲同样冷冷地对着那冷冷的月光，墙角的暗处忽然变得陌生、狰狞，跟白天完全不一样。张爱玲觉得那是满屋子的鬼影，满屋子的女巫环绕在她四周。

她只好屏气凝神，蜷缩在床的一角，静静地等待着黎明到来，然而，她所盼望的黎明似乎还很远，很远……

结束，这阴冷的噩梦 >>>

外面已是深秋了，院子里的古树下飘满了枯黄的落叶，张爱玲的境遇并没有得到丝毫的改善，那个整天沉迷于烟榻上的父亲似乎早已将她忘了。她试图以绝食反抗的招数看来并不奏效，张爱玲想到了自己看过的那些书，有好几本书上就写过一些出逃的情节，《三剑客》《基督山恩仇记》……《九尾龟》里章秋谷的朋友有个恋人，用被单结成了绳子，从窗户里垂了出来……张爱玲住的地方没有临街的窗，唯有从花园里翻墙头出去……

想到这里，张爱玲觉得身上有了些力气，她觉得父亲已经不再管她了，不会等到他的同情，只有自己才能救自己，她决心不再折腾自己的身体了。佣人送来的饭，不管好吃难吃，她都强迫自己咽下去。她想只要时机一成熟，就立刻逃出去，逃出这个冷冰冰的魔窟。张爱玲迫不及待地筹划逃走的事，她甚至还做了精密的计划。

然而，正当她紧锣密鼓之时，一场可怕的痢疾袭击了她，发高烧，上吐下泻。张爱玲一下子泄了气，她感觉自己就要死了。

何干吓坏了，她跑去告诉了张廷众，张廷众搁下手中的报纸，拿起那支沉沉的玉质的烟枪，冷冷地说道："由了她去。"张廷众没有给女儿买药，更没有给她请医生，张爱玲躺在床上，看着窗外的树枝上那几片摇摇欲坠的枯叶，觉得自己的境遇也是如此。

迷迷糊糊地，张爱玲已经被病痛折磨得不支了，恍惚中听到远处的炮声，她甚至希望快落下一颗炸弹吧，落到自己这间大房子上，不！落在这栋大宅子里，所有的东西，包括人，一起炸死算了。

张爱玲正痛快地想着，忽然听到门外传来了呛啷啷的一声巨响，这是巡警咕吱咕吱抽出生锈的门闩后，打开铁门的声音。张廷众进来了，他还是不忍心让女儿就此丢了性命？还是？

不知道！张爱玲也不知道，大概是怕这个叛逆的女儿死去，然后败坏了张家的名声吧。张廷众来到女儿床前，给她打了一针消炎抗生素。这位"仁慈"的父亲救了自己女儿一命，但是那颗零碎的心已经被他打进万劫不复的地狱，这一生，再也不能挽回了。张爱玲只想着逃离。

过了几天，张爱玲的身体才渐渐有了好转，渐渐地也能下地，慢慢扶着墙走路了，境遇越是艰难，她要逃出去的欲望就越强烈。

在何干的精心照料下，张爱玲的身体已经好得差不多了，她向何干打听了两个巡警换班的时间。此时，距离父亲囚禁她的第一天，已经过了大半年了。

1938 年，初春正像隆冬时节那样寒冷，那是一个黑漆漆的夜晚。夜深人静的时候，张爱玲伏在窗子上，举着弟弟悄悄给她送来的望远镜，仔细观察着远处无限延伸的路，那就是张爱玲的希望。她看到路上没有人，便走出去，拉开门。紧贴着墙根，踮着脚，一步一步地，张爱玲生怕这次出逃不成功，那样的结果她简直想都不敢想。

没有人发现，她感到自己的心跳得厉害，没有人追上来！寂静的街道上，没有一丝风，她趁着灰暗的街灯，继续向前走着，张爱玲第一次感觉到自由的美好。她急匆匆地向前走着，好像有一个好消息要急于告诉他人，“每一脚踏在地上都是一个响亮的吻”。

离家越来越远了，张爱玲放下心来，还遇上了一辆黄包车，她坐上黄包车，直奔母亲家里，那一场纠缠她半年之久的噩梦终于远了……

任何一个生命都难以在这样大的家庭暴力中依旧保持平静，张爱玲亦是如此，这对她的生命来说，是一个重大的转折。父亲对亲情的冷漠给她造成了莫大的影响，她或许自己还不知道，但是多年以后，当临近去世的父亲想再见女儿最后一面的时候，张爱玲便冷冷地拒绝了。

香港，人生第一站 >>>

从父亲的家里逃出来之后，张爱玲就名正言顺地和母亲、姑姑住在了一起。

不久，张爱玲就将自己那一段被囚禁的亲身经历写成文章，投到父亲订阅报纸的那家报社里去了。张廷众果然看到了那篇文章，但是他已经对这个倔强、叛逆的女儿无可奈何了。

“如果要早早嫁人的话，那就不必读书了，用学费来打扮自己，如果要继续读书，就没有余钱来买衣服了。”对于张爱玲的到来，黄逸梵给女儿抛出了这样的选择，她是有她的难处的。

于是，张爱玲继续穿着旧的衣服，当着她的“灰姑娘”，在学校里专心读书，偶尔在校刊和社会刊物上发表一两篇文章，她的文学天赋日益显露了出来，就像她的“健忘”在学校也是出了名的。

天才总是有着令人难以理解的奇怪的特点，张爱玲也是如此。她不会削苹果、怕上理发店、怕见客人、怕给裁缝试衣裳，织绒线、认路对于她来说更是巨大的难题。在与母亲和姑姑一起生活的两年时间里，张爱玲曾试图学会这一切，母亲就是很好的老师。然而，结果是令人失望的，黄逸梵对这个愚笨的女儿无可奈何。

时光的列车继续前行着，一刻都不停留。母亲本来就没有多少积蓄，如今手头更是越来越紧了。张爱玲每次向母亲要钱都难以启齿，对于一个敏感的、脆弱的女孩儿来说，这是一种难以忍受的折磨，她知道，表面上母亲每次都满足了她的要求，但是显然母亲也开始讨厌这样拮据的生活了。

“这时候，母亲的家亦不复是柔和的了。”张爱玲如是说。

阳台是个很好的去处，当头的烈日让她觉得脸上火辣辣的，全身也都是火辣辣的，那西班牙式的白墙冷冷地看着她。好似这天底下就剩下她一个人了，一个人惶惑地战栗着。然而，她喜欢自己一个人待着，即使是再孤寂、再悲凉。年老之后，她依旧如此，一个人孤寂、悲凉地逃避着。

1939 年，张爱玲的努力终于换来了可喜的结果，母亲或许也会因此而感到欣慰。这一次，张爱玲在多个国家的学生中脱颖而出，获得了伦敦大学入学考试远东地区的第一名。然而，时运不济，由于第二次世界大战爆发，她只能以同样的成绩转去香港大学求学，最终没有能看到那梦想的清波微泛的泰晤士河，没有能听到那幽远的伦敦大教堂的钟声，更不会遇到那在古朴的大街上缓缓走过的英国绅士。可是她觉得，另一个不同于现在的精彩的世界将要展现在她面前了，她忽然又觉得不知道是哪儿明亮起来了，这束亮光抛开了那渐渐远去的、不堪回首的黯淡往事。

那是个晴朗的夏日，张爱玲提着一只藤编的小箱子，着一身浅蓝色的短袖旗袍，登上了远去的客船。一望无际的蓝色的大海让她的心情也跟着变得蓝莹莹的了。这是她第二次看见海，与第一次看见海的时候的心情如出一辙，然而这一次，她有了新的寄托。

一个热辣辣的午后，李开第先生正要开车去香港码头，他受在英国认识的好友张茂渊和黄逸梵的嘱托去接张爱玲，做她在香港的监护人。多年以后，这个文质彬彬、恭敬谦和的工程师还成了张爱玲的姑父。

张爱玲正在焦急等待的时候，一位看上去非常谦和的中年男人朝她走了过来。

“您是张爱玲小姐吗？”李开第礼貌地问道。

张爱玲微笑着点了点头。

“我就是李开第，是你母亲和姑姑的老朋友了。”他松了一口气，一边伸手帮张爱玲拎箱子，一边和蔼地说道。

张爱玲微微地笑了，她觉得这位李先生是一个非常值得信赖的长辈。

此时的中国大地上，战火不断，硝烟四起。香港则独立于这硝烟战火之外，成了离乱的中国文学的宝地。“七七事变”后，内地大批的知名作家、学者，诸如茅盾、夏衍、丁玲、端木蕻良、郭沫若、戴望舒等都纷纷来到香港，或办报纸刊物，或继续从事写作，《文艺阵地》《大公报·文艺》《华商报·灯塔》等大量的文艺刊物遍布这一片和平之地。此时，后来成为张爱玲第一任丈夫的胡兰成也在香港，他以“流沙”为笔名在《南华商报》担任主笔。

张爱玲站在窗前，这个如花园一般的美丽的校园尽收眼底，她觉得自己脚底生风，似乎要飞出去了，像一只刚刚经历磨难，破茧而出的蝴蝶。但是与此同时张爱玲又没心思去理这些了，她暗下决心，要努力学习，争取获得奖学金以减轻母亲的经济负担。她还希望以港大的优秀学生的身份被保送英国留学，实现那个残缺的英格兰梦。

想到这些，那草地上的蛙鸣虫叫的声音便逐渐黯淡了下去，新界的山脊微微地起伏着，送走了彤红的斜阳。张爱玲静静地站着，那思想的蝴蝶沉默地飞了回来，在书的海洋里沉下了、坠下了。这才是她的归宿。

在港大校园里，仪礼堂、陆佑堂、梅堂……都留下了张爱玲那高高瘦瘦的身影，当然，她去的最多的地方还是图书馆。她为找到马卡德耐爵士出使中国谒见乾隆的记载而欣喜；为那有些泛黄的淡淡霉味的旧书而着迷。还有那些老师们，个个都可爱极了。

有一位教古典文学的先生，总是喜欢穿一身长袍，在教室里走来走去，就像从古文中那美妙的诗行里翩然走出来的圣人一般。张爱玲最喜欢听他吟诵“长太息以掩涕兮，哀民生之多艰……”，每一句后面还拖了长长的音。

还有一位教西方文学的先生，不知道他是哪个国家的人，总之很是绅士，他最喜欢讲的就是莎士比亚。还有一位叫弗朗士的历史老师，他总是叼着一支香烟来上课。

在一次考试中，张爱玲的一门功课获得了全班最高的分数，那位老师是出了名的严厉，给分数最为苛刻，但是张爱玲却是个例外。她上去领试卷的时候，那位老师说："祝贺你！高才生。我教了十几年的书了，可从来没给过这么高的分数。"张爱玲心里喜滋滋的，在同学们羡慕而嫉妒的目光中平静地回到座位上。张爱玲天资聪颖，再加上勤奋好学，她每次都能考出优异的成绩。奖学金是她在港大最主要的生活费。

有一次，张爱玲看到西风杂志社正在进行有奖征文活动，她已经有好长一段时间没有发表文章了，于是拿起笔写了一篇《天才梦》投到了杂志社。她是严格按照征文要求来写的，还删删改改了好几遍。

不久就传来了她的文章获得一等奖的消息。张爱玲兴奋了好几天，宿舍里来自香港本地的女生个个都是有钱的富家小姐，张爱玲是不能与她们比的。有一个来自天津的女孩儿，名叫蔡师昭的与她关系不错，还替她高兴了好一阵子。

可是漫长的等待过后，张爱玲收到获奖通知时却傻了眼，别说一等奖了，二等奖三等奖都没有她，她只得了个"特别奖"。张爱玲气愤极了，但是也毫无办法，这件事一直都藏在她心底。张爱玲继续努力着，她一下课就钻进图书馆里去了，与外面那些过着花红柳绿生活的同学比起来，她更喜欢图书馆里那些英文名著，劳伦斯、萧伯纳、毛姆才是她精神上的好朋友。

然而，毕竟身在乱世，她纵然再多努力、再多期望，终究还是落寞的。这期间，正像张爱玲看过的某一本书，有精致的封面，有卓越的扉页，却孤零零地落于书架的一隅。

逃离，这异乡的劫难 >>>

在香港大学的日子是安稳的，张爱玲小心翼翼地享受着这来之不易的安稳。然而，上天不垂怜。1941 年底，太平洋战争爆发，香港沦陷了，张爱玲的安稳梦也随之破灭。

12 月 8 日，适逢港大大考的第一天，学生们却高兴得欢蹦乱跳，战争的到来平白地免去了对这场考试的畏难心情，学生们有一种久逢盛事的感觉。

但是，欢愉过后便只剩下一间黑漆漆的小屋子供他们藏身了，窗外是一片迷蒙的硝烟和无处躲藏的命运。对待战争，同学们各有各的态度。张爱玲和她的同学聚集在宿舍最下层黑漆漆的箱子间里。外面机关枪噼里啪啦的声音，像极了敲打在衰荷上的冰冷的秋雨。

宿舍里有一个有钱的富家小姐，竟然为在战争中没有合适的衣服穿而着急，她把这残酷的战争与那精致的舞会和隆重的晚餐混为一谈了，她着急地说："怎么办呢？没有适当的衣服穿！"

还有一个从内地中西部省份来的女孩，名叫艾芙琳，她总是要吃很多东西，也劝周围的同学努力地吃。她说自己已身经百般磨难，吃尽了苦头，但是每当军事要地传来轰炸机隆隆的爆炸声的时候，她却害怕得歇斯底里起来，还象征性地讲了几个战争的故事，吓得几个女同学面无人色。

另外一个很有特色的女孩叫苏雷咖，她来自马来半岛的一个小镇上，对衣服情有独钟，即使是在逃难时也要拖着她那只累赘的大皮箱。苏雷咖选的专业是医科，她曾经顾虑到被解剖的尸体穿衣服不穿，成为风靡一时的笑话，张爱玲用"天真得可耻"来形容她。

对于战争，张爱玲一向是冷眼旁观的。然而那位可爱的弗朗士先生的死却让她有了很大的触动，在张爱玲眼里，这位富有个性的历史教授是"一个先生、一个好人"，他的死是"人类的浪费"。

在那些躲藏的日子里，没有外界的干扰，张爱玲深深地沉醉在那无尽的书海里了，于她来说，这是最理想的环境。

昏暗的灯光罩不住高瘦的身体，外面的阵阵炮火像急匆匆赶来的恶魔，张爱玲生怕下一刻，这恶魔就夺去了她手中那充满魅力的书卷，掠走了眼前这轻轻浮动的极小的字符。因此，她更加顾不上去为那些琐事操心了。

所谓的琐事就是那些人人都在追求的东西：食、色。战争更加使人很容易地就暴露了本性。一种带着逃离的虚空、惶恐和绝望让那些男女变得更加随便和暧昧了，他们可能忽然觉得要追求些“实际的东西”了，于是以一种及时行乐的态度茫然地消磨着这百无聊赖的生活。

除此之外，就是饮食了。“真奇怪，一件最自然、最基本的功能，突然得到过分的注意，在情感的强烈的照射下，竟变成下流的、反常的。”张爱玲说。

这时，张爱玲和她最要好的朋友炎樱也开始去追寻那有诱惑力的食物了，她们曾经满大街地寻找卖冰激凌的店铺，只有一家答应明天会有。于是第二天，她们又走了十来里路去买一盘昂贵的冰激凌，吃那咯吱咯吱的冰屑子。

战争是残酷的，它的残酷不只是那些实实在在的青紫的尸体和落不尽的烟灰，更是人与人之间的那种冰冷的、漠然的关系。或许这也属于人性吧，自身都难保，自然对那脚底下躺着的穷人的尸体熟视无睹。

不久，张爱玲和她的同学们就被派去工作了，到“大学堂临时医院”做看护。这里是一个极其令人厌恶的、糟糕的工作环境，浑浊的空气、血流不止的伤口、神经质的病人……病人们大小便的时候会叫值班的看护，看护们没一个耐心对待的，张爱玲也是这一群冷漠的看护中的一个。

在这里，张爱玲有时候要上十几个小时的夜班，她大多躲在屏风后面看书，偶尔咬一口同学特地送来的牛奶面包。她并不害怕那破皱的防空纸变幻出的像巫婆一样的小纸人，也不害怕那深蓝色的玻璃上现出的奇形怪状的黑影，这些她已是经历过了的，唯有那空气中断断续续的女人抽泣的声音让人觉得一阵寒噤。

病房里有一个股骨溃烂了的人，伤口常常发出一阵恶臭，他疼得厉害的时候，就咧着嘴喊值班人员，那天，正轮到张爱玲。

“姑娘啊！姑娘……”那位病人痛得整夜整夜地叫喊，张爱玲终于忍不住了，她起身走过去，冷冷地问道：“要什么？”

没几天，那位病人就不堪病痛的折磨，去世了。

活着，这是多么珍贵的不可多得的字眼。当张爱玲怎么都咽不下油烘烘的小面包的时候，她想到了刚刚死去的那个无助又可悲的病人，他曾经一遍遍地呼喊她：“姑娘啊……姑娘……哎。”她想起了当她拿着那白白胖胖的牛奶瓶穿过病房去厨房热牛奶的时候，许多双充满渴望的眼睛流露出令人心痛又无奈的眼神。

鸡鸣划破了夜空，拂晓正匆匆赶来。这个一如既往的早晨，又有多少生命悄然逝去，而那自私的人们又若无其事的继续延续着朝不保夕的生命。

对于战争，张爱玲一向是事不关己的态度，她以一副冷冰冰的面孔无视着眼前的一切。1942 年，张爱玲不得不提前终止了在香港大学的学业，登上了回上海的客船。

回望在香港大学的这三年，从最初美好的希望，到如今黯然无奈地离开，就像梦一般。张爱玲爱这个美丽的城市，它曾经承载了自己一个美好的梦。

远去的香港海依旧蔚蓝如昔，好友炎樱在一旁叽叽喳喳地说着什么。张爱玲没有感到特别的伤感，她只感到时光在静静地流逝，以至于让她不知所措。但是她终究是远离了那战争，逃离了那战乱之苦。

三年时光，白驹过隙。她想到了初到香港时的那个黄昏，想到了那只渐渐隐没在夕阳光里的蝴蝶。辽阔的海面依旧波光粼粼地荡漾着，和她离开天津时一样，也和她三年之前离开上海时一样。

很多时候，当你做一些事情，你可能不会想到它对你的潜移默化的影响，而且这样的影响也是无法明确量化的。同样，这三年给张爱玲带来的不仅是离家的烦忧和战争的痛苦，对于张爱玲来说，更重要的是对她后来创作的影响。或许张爱玲也是在回到上海开始创作后才感觉到吧。此时，她还没有预料到自己接下来的作品能有一个转折式的飞跃。

后来，张爱玲写过的《沉香屑·第一炉香》《沉香屑·第二炉香》以及《茉莉香片》和《倾城之恋》等作品都是以香港和香港战争为背景的。

多年以后，张爱玲再次离开这里的时候，竟成了永别，永别了祖国的一花一木。

第二卷

Chapter.02

流年如夏：出名，要趁早

再回上海，又是一剂忧伤 >>>

又是一季春柳绿，春风拂面，这是上海迎接她的最好的礼物，张爱玲或许已经感觉到了希望。这一年，1942 年，当她再一次踏上故土，一切都没有变，又或许变了，却也不为人察觉。

张爱玲到底是上海人，她自己也这么觉得，她是深深喜欢着上海的。她还曾经在《烬余录》中这样写上海人：上海人是传统的中国人加上近代高压生活的磨炼，新旧文化种种产物的交流，结果也许是不甚健康的，但是这里有一种奇异的智慧。

如今，张爱玲回来了，回到了上海。然而，上海有两个家，一个是父亲的，一个是母亲和姑姑的。张爱玲走的时候是这样，回来的时候依旧是这样。然而母亲又出国去了，父亲的家是回不去的，张爱玲只能与姑姑为伴，她租住到赫德路 1292 号爱丁顿公寓，与姑姑张茂渊为邻。

张爱玲把姑姑的家当成了自己的家，姑姑同自己的母亲一样，是一个有独立意识的新女性，与哥哥张廷众分家之后，便在外面租了房子，自食其力。姑姑的房子很大，有一间大客厅，客厅里有壁炉，家里的家居和地毯都是姑姑自己设计的。张爱玲在《私语》中这样写自己对姑姑的家的感受："乱世的人，得过且过，没有真正的家，然而我对姑姑的家却有一种天长地久的感觉。"

初回上海，张爱玲深深为自己没有读完大学而感到惋惜，她和弟弟张子静说起的时候，仍然愤愤不平："只差半年就毕业了啊！"张爱玲一向都把成绩看得非常重，然而，在这兵荒马乱的时代里，成绩又算什么，不经意处连那些鲜活的生命都难以保全。

但是，张爱玲是不死心的。她想和好友炎樱一起转入上海的圣约翰大学续读。但是，学费从哪里来？张爱玲一时没了主意，她不可能给本来就生活拮据的姑姑增添负担。姑姑却给她出了一个主意，让她找父亲要学费。黄逸梵和张廷众离婚的时候就明确了，张爱玲的教育经费由父亲承担。姑姑的提议让张爱玲陷入了深深的沉思。

往事又一幕幕涌上心头，张爱玲心中腾起一种说不出来的感觉，有一种叫作矛盾的，或是畏惧的东西侵蚀着她。她已经离开了父亲那个家，她看不起的那个家，她逃离了那个冰冷、没有人情味的大院子。现在，当她走投无路的时候，她竟然要回去找父亲要钱，她难以接受这样的自己。张爱玲是多么清高啊，她受不了这样的侮辱。

然而，弟弟张子静却竭力劝说，他一回家就跟父亲提起这件事，张廷众沉吟了一下，接着面无表情地说：“你叫她来吧。”

此刻，张廷众的心情是常人难以体会的，他更多的是不知所措。

当初，她不顾一切逃出家门，再没有了音信。如今，再重回自己的视野，他是该怨艾？恼怒？还是……

但是，那个被自己打出家门的女儿应该恨死自己了吧，她那么要强，要强的可怜起来了。

张爱玲又何尝不是这样千思万虑，他们到底是骨肉至亲的人。然而，都陌生了吧？这陈旧的千疮百孔的感情，张爱玲只能让它一动不动地待在原地，她不可能再回去了，更不可能向父亲低头。但是学业怎么办，只有妥协吗？

这一天，张爱玲面色冷漠，她的脚像是抬不起来一般，沉沉地走进了父亲的家。

这家已不是张爱玲当年所逃离的那所院子了。她走进客厅，见到了那曾经对她百般凶残的父亲，她没有多说话，只是简略地讲明了来由。张廷众显得很温和，他让张爱玲先去报名，办理转学手续。

“学费我再叫你弟弟送去。”张廷众说道。

张爱玲没有过多停留，仅仅十分钟，她便离去了。

短短的十分钟，张爱玲和父亲，谁都没有多说什么，却什么都说过了。

其实，也只有沉默。沉默是良方！

此后，这对相互有些怨恨而又被亲情束缚的父女，再也没有见过面。命运是如此安排，他们也就照做了。

仅仅是十几年的父女情，却太过纠结了。但是关于亲情，谁又能说得清呢？

张爱玲抛不掉学业，她能够为此再去找父亲一次。然而，张爱玲又是清高的，敏感的。学费有了着落，生活费又成了问题，她是断然不会再找父亲去了。

终于，她到底还是退学了。

对于张爱玲来说，退学或许不是一件坏事。

此时的张爱玲或许根本没有想到，此后一生，她都将靠撰文来度日。一年以后，仅仅是一年以后，这位没有办法才选择文学写作的少女却以文学证明了自身存在的价值。而不久的将来，还有更加璀璨的光华等着她。

张爱玲或许没有想过，回到上海是怎样的境遇。她免不了想起过往，那些不堪回首的往事，那些令人揪心的糟糕的往事。父亲的那个家，就只有弟弟能够让她心底感到些许温暖了吧。

那个同她在秋千上嬉笑的男孩……

子静，那昙花一现的温暖 >>>

张爱玲一回到上海，弟弟张子静就跑来看她了。在父亲那个阴冷的、无情的家里，弟弟是她唯一想念和牵挂的人了，他们曾经有那样美好的童年。

张爱玲不知道此时的弟弟过着怎样的生活。或许依旧穿着破旧的衣服在私塾里读着旧诗，或许昨天刚刚被父亲训斥了一番，还或许……张爱玲不敢想了。

童年，无论已拉开多少光阴，都是美得令人心醉的词，它本身就是那么充满幻想、那么让人心神往之，即使是生活在争吵中、离弃中。张爱玲也是如此。

弟弟张子静长得很美，这是张爱玲唯一不如弟弟的地方，也是他唯一胜过自己的地方。从小，长辈们就惋惜，弟弟那樱桃似的小嘴、大眼睛和长睫毛应该生在女孩子脸上才对。张爱玲记得长辈就爱问他：“你把眼睛睫毛借给我好不好，明天就还你。”弟弟总是一口就回绝了。但是生得如此漂亮的子静，身体却很羸弱。而张爱玲长相平平，身体和思想却都比她弟弟发展得好。

然而，毕竟是男孩子，家族中又难免有重男轻女的思想。弟弟张子静的保姆张干是一个刻薄厉害的人，她总觉得自己带的是一个男孩，就处处得理不饶人，而张爱玲的保姆何干也因为自己带的是个女孩，便时时处处顺着她，吃尽了苦头。

小小的张爱玲那时就能够看出其中的缘由，并为此怀恨在心。有一次，她终于受不了，就与张干争执起来。张干说：“你这个脾气只好住在独家村，希望你将来嫁得远远的——弟弟也不要你回来。”

事实上，张干却是说错了。这个风烛残年的家的确延续着旧有的封闭思想，然而在男女问题上并不是她想象的那样。

张爱玲的母亲黄逸梵是庶出，嫡母重男轻女，她从小就吃了不少苦头，又是遗腹子，从来没有见过父亲。于是，当她成家之后，就决心改变这一状况，她当年坚持把张爱玲送进学校，即使离婚后，知道儿子在父亲跟前受苦，也没有伸出援助之手。黄逸梵始终认为，张子静是家里的独子，张廷众自然不会让他不受教育。然而，她想错了，张廷众根本没有把儿子的前途放在眼里，他甚至为了抽鸦片，耽误了儿子的亲事，读书更是算不了什么。张子静直到读完了旧式教育的私塾，才勉强进入了学校，后来中学没读完就辍学了。

张爱玲想起那年从父亲家里逃出来不久，有一天，弟弟来了，他穿了一件青色的脏兮兮的长衫，手里紧握着一双用旧报纸包起来的球鞋。

“你怎么出来了！跟爸说了没有？”张爱玲急切又惊喜地问道。

“妈、姐，你们都出来了，我也不想回去了！爸，他老是打我！”张子静一边卷起袖子让她们看胳膊上青紫的瘀伤，一边哭诉着。姑姑曾这样形容弟弟当时可怜的样子：“一双大眼睛吧嗒吧嗒地望着我。”

“是啊！妈，我求求你了，弟弟现在回不去了，你把他留下来吧！”张爱玲自己就是因此逃出来的，自然想到弟弟的遭遇。

黄逸梵哭了，她心疼儿子，但是她实在没有条件再养活儿子，内疚之情如决堤的洪水奔流而来。“孩子，不是妈狠心，可是妈的钱只能负担起你姐姐一个人啊！”她觉得自己亏欠儿子的太多了。

张子静终究还是走了，张爱玲永远都忘不了弟弟临走时那明澈的大眼睛里滴下的大颗大颗的泪珠，忘不了弟弟回望时眼角那深深的绝望和留恋。她觉得是自己害了弟弟，同样拖累了母亲。

母亲无力管，父亲无心问。张子静是在这悲凉的夹缝中长大的孩子。

如今，弟弟是在学校里念书了吗？还是……张爱玲不得而知，她甚至不敢去想。

她只能想想很久很久以前，坐在秋千上的她和弟弟，那时多么美好，阳光暖暖地照在他们身上。然而这温暖稍纵即逝，回望这温暖时，更多的是无尽的缅怀和深深的惋惜。

对于无辜的弟弟，张爱玲显得过于凉薄了些。在她心中，弟弟正如她笔下描述的那样。

张爱玲回到上海后，也常常与弟弟小聚。她对弟弟的态度有些特别，有时嫌他烦，有时又愿意与他聊天。但是，他们姐弟的关系终究是淡漠的。尤其是当张爱玲在上海小有名气的时候，张子静去找她，多数是找不到的，这时的张爱玲固然是忙了些，但是足以看出她对这个弟弟的无所谓。

有一次，张爱玲带着弟弟的信出门，准备在等公交的时候顺便看，但是还没看，公交车就来了，她上了公交车，才发现信被自己丢在刚才等车时坐的座位上了。然而，她只是在那一瞬间感到不安，随后便不去理会了。

她心想，既然丢了，也好，还省了看的时间。她或许觉得是老天给了她正好不想看的理由，张爱玲不愿意任何人进入她的生活，包括她的弟弟。

有时候张子静找她聊天，会说到父亲和继母的事，张爱玲从来都只是听着，绝不搭话。她即便要说，也只说自己写文章的事。姐弟俩常常说着说着就没有话题了。

还有一次，张子静跟自己的一帮朋友办了份杂志，他满心欢喜地找姐姐约稿。张爱玲却一口回绝："你们办的这种不出名的刊物，我不能给你们写稿，败坏自己的名誉。"

张子静是可怜的，但是对于时局的动荡、命运的捉弄，他无可奈何。

对于父亲和继母的那个家，他隐忍而麻木。姐姐是清高的、幸运的，她逃出去了，自己呢？只有羡慕吧！他何尝不希望能够跟着姐姐和母亲生活。事实上，他也为此做出了努力。

1948年，一个阴沉沉的午后，张子静满心期待地找到母亲，他请求母亲留下来，找一个房子，他们三人共同生活。然而，黄逸梵却淡漠地说："上海的环境太脏，我住不惯，还是国外的环境比较干净，我不打算回来定居了。"

黄逸梵拒绝了儿子的请求，她再一次登上去往远方的客船，离开了上海。

从此，便是永别。

1957年，黄逸梵在英国病逝。

红尘滚滚，如烟如雾般让这对母子亲情模糊起来，甚至是，远逝了。

黄逸梵说上海环境太脏，她的这份洁癖同样遗传给了张爱玲，就像遗传了爱穿漂亮衣服的性情一样。

1952年，张爱玲也离开了大陆，再一次去往香港。临行前，她并没有告知弟弟。一天，张子静像往常一样去看望姐姐，姑姑拉开门，对他说："你姐姐已经走了。"然后就关上了门。

张子静走下楼去，他再一次成了弃儿，猝不及防地。他忍不住哭了出来，街上人来人往，他感到前所未有的孤独。

才华，汩汩流淌 >>>

1942年，一回到上海，张爱玲就用英语写了几篇文章投了出去，很快收到了良好的结果。张爱玲信心大增。注定是这样，就必不会有太大的差错，命运多半如此。

张爱玲3岁便能背诵唐诗，趴在母亲的青色棉被上，站在远亲祖辈的藤椅前。本就聪慧伶俐的她，如今得到肯定，她更加感觉到自己的真实存在。被重视的感觉人人都喜欢，因此张爱玲更加喜欢舞文弄墨起来。

文学，所有要奔赴这条路的人，都难免有忧伤的、悲苦的经历。张爱玲从小便是清高的，她经历了那么多沧桑变幻，注定是一个文学天才。不论是父母给她带来的痛苦，还是大家庭和大家庭中的人带给她的丰富的故事，都让她的文字、她的思想格外丰满起来。

在被母亲送进圣玛利亚女校之前，张爱玲便熟读《红楼梦》和《儒林外史》等古典名著，已经有很厚实的文字基础。在一次国文课堂上，汪宏声先生第一次发现了当时这个孤僻的、瘦弱的少女。

其实在此之前，张爱玲便在圣玛利亚女校年刊《凤藻》上发表过几篇文章，《牧羊者的素描》和《心愿》正是这个时期创作的。1932 年，她的《不幸的她》刊登在《凤藻》总第 12 期，写的是年轻、孤傲而爱自由的“她”为追寻独立自主的生活四处漂泊，尤其是把文中“她”对童年生活的怀念、对纯真友谊的依恋写得如泣如诉，笔调忧郁缠绵，无不透露出张爱玲的早慧和敏感。

雨静悄悄地下着，只有一点细细的淅沥沥的声音。橘红色的房屋，像披着鲜艳的袈裟的老僧，垂头合目，受着雨底洗礼。那潮湿的红砖，发出有刺激性的猪血的颜色和墙下绿油油的桂叶成为强烈的对照。灰色的癞蛤蟆，在湿烂发霉的泥地里跳跃着；在秋雨的沉闷的网底，只有它是唯一的充满愉快的生气的东西。它背上灰黄斑驳的花纹，跟沉闷的天空遥遥相应，造成和谐的色调。它扑通扑通地跳着，从草窝里，跳到泥里，溅出深绿的水花。

雨，像银灰色的黏濡的蛛丝，织成一片轻柔的网，网住了整个秋的世界。

——（《秋雨》张爱玲）

这是张爱玲在 1936 年发表于《凤藻》上的一篇文章。从文章中可以看出张爱玲眼中的世界，是肮脏的、沉闷的，像极了那个梦魇般的家。

张爱玲中学时代好的创作都出自汪宏声先生教导她的这个时候。她还发表过《牛》《霸王别姬》等颇受汪先生好评的文章。

在圣玛利亚女校读书的时候，张爱玲还有个很要好的同学张茹瑾。张茹瑾同样是圣校有名的才女，而且她比张爱玲更加努力用功地读书。她们常常为当时最有名的两个作家张资平和张恨水争论不休，张爱玲喜欢张恨水的文章，张茹瑾则喜欢张资平的文章。张茹瑾还写了一部长篇《若馨》交给了汪先生，汪先生又转交给了良友出版社赵家璧先生。然而，这部长篇却因战事没有出版。张菇瑾也显示出一些才能来，但是后来，她结了婚，为此，张爱玲在毕业典礼上，在调查栏最恨的一项中写道："一个有天才的女子忽然结了婚。"

1937 年夏，张爱玲中学毕业后，汪宏声先生还专门找到她，劝勉她有时间可以多写写。张爱玲对汪先生是心存感激的，她在《语林》上这样写汪先生："中学时代我最喜欢的一个是汪宏声先生，教授法新颖，人又是非常好的。"

中学时代，在张爱玲看来是极不愉快的，汪先生的赏识和鼓励是唯一一点光亮。她的才华，也因此汩汩流淌。

在香港大学读书的时候，张爱玲提笔写过一篇《天才梦》，由于评委老师的评分与点评不相符，张爱玲勉强得奖，她感到深深的失望。

但是她并没有停止写作而是选择充实自己，常常钻在图书馆里看书，这为她此后回到上海的创作奠定了坚实的基础。

因着旧时的积淀，当她没有能力再去读书的时候，她首先想到了写作。凭着自己的英文水平，将一篇《中国人的生活和时装》投到了英文月刊《二十世纪》，深受主编梅涅特先生的赞赏，他甚至称赞她是“如此有前途的青年天才”，张爱玲为此充满了自信。

事实上，她的才华正在一点点崭露出来，一颗璀璨的文坛明星将要闪耀了。

“两炉香”，叩开文学的殿堂 >>>

春，总是予人以希望。张爱玲的一生也总是在春天的时候，才迎来短暂的转机。1943 年的一天，春寒料峭，午后的阳光渗着些丝丝的凉意，这丝毫没有影响张爱玲的热情，对待文学，她一向都热情洋溢，正和她于生活中的人和事的孤陋冷淡相反。

张爱玲走在上海的公共租界里，她觉得自己的步子越来越轻盈了，想起那天黄岳渊老人真切的推荐，她更加觉得飘飘若仙起来。

此刻，在一间古色古香的书房里，周瘦鹃老先生正安放好了茶具，他是赫赫有名的蝴蝶鸳鸯派的代表作家，被称为“哀情巨子”。案头的宣德炉中，一支紫罗兰香正升起袅袅青烟。突然，一位小姑娘急匆匆地跑上楼来，她递给老先生一个很大的信封，说道：“父亲，下面有位张小姐来访。”

周瘦鹃拆开信封，这才知道，是黄岳渊老人介绍来的一位女作家，黄岳渊老人与他有着共同的园艺之好。周先生赶快下楼去，张爱玲站了起来，大方地对着周先生鞠了一躬。

周先生招呼她坐下来，张爱玲告诉他，自己经常写一些英文稿子，并以此谋生，中文只写过一篇《天才梦》，最近刚用中文写了两篇中篇小说，讲述香港的两个故事，特地前来请周先生看看行不行。她一边说着，一边打开随身携带的纸袋，将两个稿簿递给周瘦鹃。

周瘦鹃接过来浏览了一下，这两篇稿子正是“两炉香”。文稿的标题是《沉香屑》，第一篇是《第一炉香》，第二篇是《第二炉香》，周瘦鹃一下子就被这别致的标题吸引了，他让张爱玲把稿子留下，容他细细品读。这一老一少聊得颇为投机。

“我母亲和姑姑都是十多年前《半月》《紫罗兰》《紫罗花片》的读者。当时，母亲正留学法国归国，读了您的哀情小说，落下了不少眼泪，还写过信劝您不要再写了。”

周瘦鹃可能早已忘了这回事了，他依旧饶有兴趣地听着，还告诉张爱玲《紫罗兰》将要复刊的消息。这一夜，周瘦鹃捧着张爱玲的《沉香屑》，细细读了起来，他越读越惊讶，一个年轻的女孩子，竟有这样老道凝练的文笔，有如此洞察人情的人生体验。此时，复刊《紫罗兰》之际，竟“天降奇才”，周先生感到很欣慰。

一周后，张爱玲再次来访，周瘦鹃热情地接待了她，并问她是否喜爱毛姆的作品，是否熟读《红楼梦》。张爱玲微笑着，非常叹服周先生的眼力，点头称是。

“好！待创刊号出来，我一定亲自登门。”周瘦鹃说。

晚上，张爱玲又匆匆赶来，请周先生夫妇届时同去家里参加她举办的一个小茶会。

《紫罗兰》出版那天，周瘦鹃亲自给张爱玲送去样本，周夫人有事没来，张爱玲热情地接待了周瘦鹃，并向他介绍自己的姑姑。这一天，张爱玲十分高兴，她甚至拿出了母亲的照片，指给周先生看这位独具风情的太太正是她的母亲。

周瘦鹃临走之前，张爱玲还将自己在《二十世纪》上发表的那篇《中国的生活和时装》送给了他。周瘦鹃回望这座不起眼的公寓，他知道，里面这个平凡的清清瘦瘦的女孩将注定因文学而拥有不一样的人生。

果然，张爱玲的《沉香屑》在《紫罗兰》创刊上发表之后，在当时上海文坛上荡起了阵阵波澜，越来越多的读者开始关注“张爱玲”这个名字了。

夜已经很深了，张爱玲坐船抵达了香港，天上下着大雨，冰冷的雨点打在她单薄的身上，她首先想到了子弹，感觉颇有相似之处。她拎着那只皮箱跑上山去，又不敢惊动那个管理宿舍的天主教修女，她只有躲在漆黑的门洞里过夜。然而，风向突然改变了，像一个不着边际的恶魔，转过来又折磨她了。雨点嘭嘭地扫了进来，她尽量往里缩着双脚，还是无法躲避。忽然，远处开来一辆汽车，喇叭嘀嘀地响着，一位先生带着女儿来学校报到，送她住校，司机砰砰地敲着门。张爱玲突然看见宿舍里顿时灯火辉煌，她趁乱钻了进去，看见舍监，就像当年看到了继母一样，张爱玲尴尬地说了句“sister”，没有再多寒暄就跑上楼，找自己的宿舍去了……

这是一个梦，张爱玲只觉得像是吃了很大的苦头，这个梦太累了，她甚至要翻看自己的衣服是否真的被淋湿。她告诉姑姑这个冰冷的梦，一边说还一边哭了起来，她每讲一次，都忍不住要流泪，甚至在一封信里提到这个梦时，都没有忍住。

香港的生活没有这么严苛，但是那世俗的人情冷暖也足以让张爱玲看得更加深刻，更加透彻，自己也更加害怕，更加要把自己包裹起来了。这一次，让张爱玲在文坛上初绽光华的“两炉香”正是得益于此。

《沉香屑·第一炉香》中，主人公葛薇龙随着家人从上海到香港避难。此时，她还是个中学生，然而，父亲无力承受经济重担，决定回上海。葛薇龙为了能够留在香港读书便背着父亲去寻求未曾谋面的姑母的帮助。故事就是从葛薇龙站在香港山高级住宅的走廊上开始的，这座高级住宅正是姑母的住所，姑母是父亲的亲姐姐，年轻时自愿嫁给一个比她大很多的香港商人为妾，父亲认为她有辱家门，便与她决裂，从此不再往来。如今，姑母成了一个继承了巨额财产的寡妇。姑母答应了她的请求，她回去告诉了母亲，瞒过了父亲，说自己获得奖学金，想继续留在香港读书。

葛薇龙顺利地住进了姑母的高级住宅里，从此成为姑母的一个诱饵，勾住那些对姑母不再感兴趣的年轻男人们。果然，葛薇龙的确成了诱饵，成了俘虏。后来，葛薇龙竟在这骄奢淫逸的环境里真的爱上了一个八面玲珑的花花公子乔琪，并在姑母别有用心的安排下嫁给了乔琪。

从此，葛薇龙成了这个大家庭里名副其实的高级交际花，为姑母和乔琪所利用，葛薇龙是清醒的，她并不是不知道这一切，但是她没有办法，她几乎逃不出去。

张爱玲用华丽的嘲讽的笔调写了主人公的姑母梁太太的高级住宅、那些公子哥的花言巧语以及葛薇龙的思想斗争，更以此表现出世态炎凉、人情冷暖，无论是姑侄之间，还是情人之间。

总之，这“两炉香”让张爱玲迅速蹿红，越来越多的文艺界人士看好张爱玲。《沉香屑》成了张爱玲真正意义上的成名之作。从此张爱玲携着她那清冷、孤傲的性格迈进了文坛。

此时，她感觉春风得意。

她或许并没有多想，或者说跟那些文艺界的前辈想的不一样，她更没有预见，将来的自己会有怎样的际遇。

她只觉得自己可以稍稍松口气了，不用再为生活而烦恼了。

不久，张爱玲的才华再次被发掘。在上海福州路画锦里附近的一个小弄堂里，柯灵先生正捧着一本《紫罗兰》杂志细细品味，他是《万象》的著名编辑，以编剧本和写杂文闻名。看着《紫罗兰》上的那篇《沉香屑》，他一边想着张爱玲是个怎样的作者，一边想着怎样让她为自己的刊物写点东西。

一天，柯灵正在犯愁之际，张爱玲却不请自来。张爱玲穿着色泽淡雅的丝质碎花旗袍，夹着一个报纸包，亭亭玉立地站在门外。她对柯灵先生表明来意，说有一本小说需要他指正，这本小说就是后来发表在《万象》上的《心经》。此后的《琉璃瓦》《连环套》都发表在《万象》上。

张爱玲的名声越来越响，很多杂志社都纷纷向她约稿。当她的第一本小说集《传奇》发行之后，更是引起一阵轰动，四天便销售一空。

张爱玲的文学梦、天才梦终于实现了，她喜欢这样畅快淋漓的感觉。

1945 年，又一部散文集《流言》问世，张爱玲正风华正茂。当时日伪文化活动很多，环境复杂，清浊难分。柯灵出于爱才之心劝说张爱玲，让她不要到处发表作品，写的文章可交开明书店保存，由开明付稿费，待河清海晏时再印行。

柯灵对她恳切陈词，以她的才华不愁不见之于世，要她等待时机，不要急于求成。但是成功的喜悦使张爱玲拒听逆耳之言，她的回答是：“出名要趁早呀！”

张爱玲从来都与政治无关，她离得远远的。然而，政治却与她相关，那句“啊，出名要趁早呀！”更是成了名言。多年之后，她还是从这个让她早早出名的城市怅然离去。

此时的她，在文学的殿堂里肆意畅游，丝毫没有预感。

炎樱：只能共青春，不能伴到老 >>>

事业上的风生水起，让张爱玲的性格渐渐开朗起来，这功劳多半还要算到友情头上，她已经在亲情那里失去了太多的东西，便在友情里肆意地吸收着阳光。

友情是很奇妙的东西，它有时像阳光一样，在那黯淡的心里投下屡屡光影，让人在孤寂中感到一丝丝温暖。对于张爱玲来说，炎樱便是最初的那一抹冬阳。

在香港大学读书的时候，张爱玲大多数与书为友，除了与那沉沉的书架子和淡淡的书香味为伴，炎樱就是她最好的朋友，也是她这一生中很要好的朋友之一。

1939 年，张爱玲正要赴港求学之际，一位替她补课的英国人为她介绍了一个同伴，这个同伴就是炎樱。炎樱本姓摩希甸，父亲是阿拉伯裔锡兰人（今斯里兰卡），信回教，在上海开了一家珠宝店。母亲是天津人，为了与青年印侨结婚跟家里决裂，多年不来往。炎樱的大姨妈住在南京，在张爱玲眼里，那是个典型的守旧的大户人家。

当时，黄逸梵为张爱玲送行的时候，极力托付炎樱照顾张爱玲。亲人远去，张爱玲倒在舱位上大哭，炎樱则独自走到甲板上去。因为张爱玲对爱的需要，炎樱未必能懂。炎樱的父母是自由恋爱，她母亲从天津私奔出来与锡兰男子结婚，组成家庭，生下炎樱兄妹三人，这一家彼时在上海经营宝石店，生活相对富庶。

“一个知己就好像一面镜子，反映出我们天性中最优美的部分来。”张爱玲曾这样说，说的便是炎樱。炎樱是张爱玲给她取的名字，可见二人的关系非常亲密。

炎樱是个漂亮的、活泼可爱的女孩子，而且常常语出惊人。炎樱个子生得小而丰满，时时有发胖的危险，然而她从不为此担忧，还达观地说：“Two armfuls is better one armful.”张爱玲根据“软玉温香抱满怀”勉强解释为“两个满怀较胜于不满怀”。

炎樱在报摊上翻阅画报，统统翻遍之后，一本也没买。报贩讽刺地说：“谢谢你！”炎樱答道：“不要客气。”

张爱玲最初是以一种欣赏的眼光看待炎樱的，炎樱也确实是一个有趣而聪明的人。炎樱说过一些很有趣的话，张爱玲把它们记下来，这就是后来那篇妙趣横生的《炎樱语录》。比如：

我的朋友炎樱说：“每一个蝴蝶都是从前的一朵花的鬼魂，回来寻找它自己。”

炎樱说：“月亮叫喊着，叫出生命的喜悦；一颗小星是它的羞涩的回声。”

炎樱的这些妙语可谓秀气灵动，韵味十足。也许，炎樱在性格上正好与张爱玲形成一种互补，因此才会如此互相吸引，彼此相悦许多年。

张爱玲的内心情感丰富，对于这难得的友谊看得更是异常重要。有一次港大放假，炎樱没有跟张爱玲说，就提前回到了上海，张爱玲得知后大哭。可见，张爱玲对炎樱的感情之深。炎樱性格开朗，她是不缺朋友的，她可能觉得这没什么，但对张爱玲来说，却是极大的伤害。

有一天，炎樱请张爱玲一块儿去看电影，说是她父亲有个老朋友请她的。

张爱玲本不想去，她觉得似乎有些不妥。“没什么，不过是我父亲从前的一个老朋友，生意上也有来往的。打电话听说摩希甸的女儿来了，一定要见见。”炎樱再三劝说，张爱玲便答应了。

于是，在一家古旧的电影院里，炎樱和张爱玲如期而至，一位穿着一套泛黄的白西装的男子向她们走来。张爱玲觉得这个人像极了毛姆小说里流落远东或南太平洋的西方人，他穿的那身泛黄的白西装是一二十年前流行的款式，如今已经绝迹了。

“希望你不介意她陪我来。她是我同学，叫张爱玲。”炎樱把张爱玲介绍给他。

那个人显得非常不安，露出非常窘的神气，从口袋里掏出两张戏票往炎樱手里一塞，只咕哝了一声“你们进去”，就匆匆地往外走。

“不不，我们去补张票，你不要走，”炎樱连忙说，“潘那矾先生！不要走！”

张爱玲还不懂是怎么回事。那人只摆了摆手，临走时又想起了什么，把手里一只纸包又往炎樱手里一塞。

炎樱觉得有点不好意思，微笑着向张爱玲低声解释：“他带的钱只够买两张票。”打开纸包，见是两块浸透加糖鸡蛋的煎面包，用花花绿绿半透明的面包包装纸裹着，外面的黄纸袋还沁出油渍来。

戏看完了，一直到坐上回校的车，张爱玲还觉得那昏黄的灯光中，楼上那险陡的坐梯仍然眩目。张爱玲望着窗外霓虹灯闪烁的街景，她又不免想到了刚才那位先生的一脸窘困，总觉得不好意思。

“你愿意听他的故事吗？不过那可有一些凄婉！”炎樱说道。

至此，张爱玲不仅全面认识了那位先生，还认识了这位先生的前妻宓妮。后来，他们的凄婉的故事成了张爱玲的小说《连环套》的原型。

总之，作为好友，炎樱就像当初张爱玲初到港大，伫立窗前的那只翩飞的花蝴蝶，时刻装点着张爱玲的大学生活。1942 年，她们又结伴同返上海。

女人很容易孤独，大多数喜群居，就连性格孤僻的张爱玲也是需要这样一个女伴的，尤其在学校里。当年，张爱玲不谈恋爱，专心学习，也确实需要炎樱这样一个经常能制造活泼气氛的女伴。

回到上海后，炎樱考上了圣约翰大学，张爱玲却走上了卖文为生的道路。当张爱玲在文坛上初绽光华的时候，炎樱懂得分享她的成功，并且能积极地参与到这成功里来。那时，张爱玲是多么欣慰。《传奇》再版时的封面、《传奇》增订本的封面、胡兰成办《苦竹》的封面，都是炎樱操刀制作的。张爱玲还在自序中写道：

然而现在还是清如水，明如镜的秋天，我应当是快乐的。书再版的时候换了炎樱画的封面，像在绸缎上盘了深色云头，又像黑压压涌起了一个潮头，轻轻落下许多嘈切嘁嚓的浪花，细看却是小的玉连环。有的三三两两勾搭住了，解不开；有的单独像月亮，自归自圆了；有的两个在一起，只淡淡地挨着一点，却已经事过境迁——用来代表书中人物相互间的关系，也没有什么不可以。

张爱玲的童年、少年都不免凄苦，在情感上是有些缺陷的，她把这些情感都投到了炎樱身上，并对炎樱有着深深的依赖。她们一起参加座谈会，穿奇异的衣服。炎樱开服装店，张爱玲也入股，帮着做做广告。

炎樱在不上课的时候，也总来找张爱玲一起逛街、购物，一起去看电影，一起去吃饭。每次，逛完街之后，炎樱都会首先问道：“吃什么呢？”

张爱玲则要好好思索一番，然后说出她那千篇一律的答案：“软的，容易消化的，奶油的。”

她们无论多么要好，吃饭的时候总会AA制，一边吃一边谈论着五花八门的话题。张爱玲的散文集《流言》出版的时候，书里要求附一张她的照片，炎樱便给她出谋划策：“现在要有一张维多利亚时代感觉的，头发当中挑，蓬蓬地披下来，露出肩膀，但还是很守旧的，不要笑，要笑就笑在眼睛里。”

照片洗出来后，炎樱亲自到照相馆里去拿。那日是个骄阳似火的天气，午后的阳光更加灼热，她骑着脚踏车到很远的照相馆，再送到张爱玲家里。一进门，就热烈地喊道：“吻我，快！还不快谢谢我！……现在你可以整天整夜吻着你自己了……”

炎樱将张爱玲带进了一个纯真的、无忧无虑的友情世界里，张爱玲亦真心待炎樱。青春的年华，有这样一个好友相伴，张爱玲也感到心满意足了。

然而，不久之后，张爱玲便认识了胡兰成。当张爱玲决心与胡兰成结婚的时候，炎樱虽然是重要的也是唯一的张爱玲方面的见证人，但是她对张爱玲和胡兰成之间的发展状况，却不是很清楚。后来，张爱玲写信与胡兰成决绝的时候，胡兰成有心挽回，第一个想到的便是请炎樱帮忙。他写信给炎樱：

爱玲是美貌佳人红灯坐，而你如映在她窗纸上的梅花，我今惟托梅花以陈辞。佛经里有阿修罗，采四天夏花，于海酿酒不成，我有时亦如此惊怅自失。又《聊斋》里香玉泫然曰："妾昔花之神，故凝今是花之魂，故虚，君日以一杯水溉其根株，妾当得活。明年此时报君恩。"年来我变得不像往常，亦惟冀爱玲以一杯水溉其根株耳，然又如何可言耶？

胡兰成到底是会说话的人，"窗纸上的梅花"这个比喻的确是恰当的。炎樱或许正如张爱玲窗纸上的梅花，在她的生命中，随着日晒而愈发浅淡了。

女人之间的友谊往往令人不解，她们可以好得像是一个人，一旦其中一位有了男友，便很容易出现裂痕。或是因为女人心眼太小吧，她们之间友谊的维持，大多有点后劲不足，免不了有个虎头蛇尾的结局，张爱玲和炎樱也不能免俗。

1952年，张爱玲的文学道路遭遇坎坷，她只身来到香港，结识了毕生好友宋淇、邝文美夫妇。此时的炎樱正去往日本，嫁给了日本富商。

再一次来到香港的时候，张爱玲举目无亲，也无朋友，她一边为生计奔波，一边想去日本，在炎樱处辗转赴美。然而，三个月后无功而返。

"无论谁把金钱看得重，或者被金钱冲昏了头——即使不是自己的钱，只要经过自己的手就觉得很得意，如炎樱在日本来信说'凭着自己蹩脚的日文而做过几 billions（数以十亿元）的生意’——我都能明了。假如我处在她的位置，我也会同她一式一样——所以我看见一两个把金钱看得不太重的人，我总觉得诧异，而且非常佩服。”张爱玲对邝文美说道。

后来，张爱玲辗转来到美国，炎樱正在纽约居住，她的人生越发得辉煌起来了。此时，两人还有一些往来，但张爱玲大多时还是受到了炎樱的冷遇。

张爱玲是敏感的，她体内流淌着贵族血液，当她的文学事业受阻的时候，她是断然受不了好友在她面前炫耀，她觉得这是一种耻辱。炎樱，到底不是张爱玲的患难之交，她更加适合分享朋友的成功。

随着张爱玲与赖雅搬离纽约，张爱玲与这位日益陌生的旧友几乎要断了联系。

晚年的张爱玲觉得炎樱变了，或许是因为自己凄冷的际遇，或许是因为炎樱对自己生活浅薄的夸耀，也可能还是因为她们各自步入中年，都有自己的家庭需要打理，学生时代的闺密，只能暂时靠后了。

友谊当然是深长的友谊，可那友谊的热度却不能不降低。当年那张爱玲灯下映在窗纸上的花，也因为灯火的黯淡，而渐渐隐没在暗夜里，纵有万千芬芳，也只能自赏。

1994 年 6 月，张爱玲出版生前最后一部书《对照记》。在暮年的灯照下，重新展览审视自己毕生的关系网，炎樱重妆出镜，张爱玲对这段友情是基本认可的。

可依旧你是你、我是我。1992年，张爱玲请林某当她的遗产执行人，支持她文学事业多年的宋淇夫妇继承她的全部遗产。

这段友谊冷冷地收尾了，张爱玲感觉到深深的失望。她曾经对这样难得的友谊寄予了很高的期望。1995年，张爱玲去世，骨灰撒入大海，她拒绝炎樱参与其后事。所以说，炎樱与张爱玲的友情，终了是冷处理。张爱玲很重义气，她把遗产全部划给宋淇夫妇，感念的是他们在其患难时的多方援助，以及对其后半生事业和生活的多方关怀，她对炎樱的冷，可能恰恰也是怨她的不作为。

在情感世界里，无论友情还是爱情，全然对等，终是不可能的，若是对等，便是买卖了。

感情是流质产品，施与受的天平，总归会时不时来回偏倚，随作用力而转型。

有一种友情，只可共青春，不能伴到老。

张爱玲和炎樱。

正是如此。

衣着，是她光怪陆离的语言 >>>

除了炎樱，衣服是张爱玲成名之后另一热衷的对象。女人对衣服有着天生的偏爱，张爱玲亦是，她对衣服的钟爱程度甚至比别人来得更猛烈些。

在这方面，母亲黄逸梵是最早影响张爱玲的人。黄逸梵是个特别会打扮自己的女人，她对穿着有着很高的要求。因为黄逸梵爱做衣裳，张廷众曾就此咕噜过："一个人又不是衣裳架子！"

张爱玲自小的恋衣癖，就是母亲的遗传。

张爱玲想起小时候个子长得快，几天就蹿高一大截，有一次母亲为她做了一件外国衣服，葱绿织锦的，一次也没有上身，就已经不能穿了。后来每每想起来，还觉得真是奢侈得叫人心疼。记忆的伤，终生不能治愈。

她还清楚地记得自己那年看着站在镜子前的母亲，将一枚翡翠胸针别在一件漂亮的绿短袄上，觉得羡慕万分，等不及地要长大。她忍不住说："八岁我要梳爱司头，十岁我要穿高跟鞋，十六岁我可以吃粽子汤团，吃一切难以消化的东西。"

然而，16岁的时候，别说梳爱司头穿高跟鞋，她甚至连穿得体面一点也是奢望。继母的那些衣裳中，有一件暗红的薄棉袍，碎牛肉的颜色，穿不完地穿着，就像浑身都生了冻疮。冬天已经过去了，还留着冻疮的疤。

那件长满冻疮的暗红棉袍，就像从头浇下满满一桶暗红色的油漆，给张爱玲的整个少女时代打上了一枚暗红的朱漆大印。她从此更加沉默寡言，也更加嗜书如命，她原本就比一般的同龄女孩早熟，如今更是忽然褪去了所有的稚嫩与天真，并且由自卑导致的自闭，使她的中学生活平静得如一潭死水，没有生机。

从父亲家逃出来后，黄逸梵知道张爱玲酷爱穿漂亮衣服，便抛给她一个选择：衣服和学业。张爱玲选择了继续好好学习。于是，她继续穿着破旧的衣服，一如既往地当着"灰姑娘"。

有一次，张爱玲到舅舅家吃饭，舅母见她穿的衣服很破，就随口对她说："等哪天有空了，我翻箱子把你表姐们的旧衣服拿点出来给你穿。"张爱玲的脸立刻就红了，滚烫的泪水夺眶而出，她赶紧低下头，假装专注吃饭。

"不，不，舅母，我真的不需要。"张爱玲是多么清高，她怎么沦落成了被周济的穷亲戚。然而，这已成事实。

20 世纪 20 年代中期的上海，正是繁华的时候，据说巴黎每流行一款衣服，十天后就会出现在上海街头。上海也因此有着东方巴黎的美誉，可见当时上海的时装业的确已经到了一定的高度。只那一家家门面装修漂亮的时装店就已经是一条靓丽的风景线，霞飞路更是一个巨大的时装展览馆。那里不光有带着浓郁古中国情调的旗袍，还有来自欧洲各国最新最时髦的各式洋装，张爱玲被深深吸引了，她常常和表姐一起去逛上大半天。

多少次，张爱玲隔着那透明的大玻璃，痴迷地望着里面模特儿身上那一套粉红色的缀着花边和彩线的晚礼服。这么近，又那么远，即便被自己呼出的白色的雾气罩住了，她依旧痴痴地望着。张爱玲是贵族出身，但是那绫罗绸缎的辉煌历史早已没落在历史的云烟里。父母离异，继母当家。冷漠、远走、背叛、逃离等暗黑沉重的阴影，笼罩在这个原本叛逆、敏感、强悍甚至偏执的女孩身上，冬天永远穿着那件暗红的薄棉袍，到哪都抬不起头来。因此，她想都不敢想可以得到那些华丽的衣服。

她记得小时候姨太太为了讨好她，给她做了一套雪青丝绒的短袄和长裙，说：“看我待你多好！你母亲给你们做衣服，总是拿旧布料东拼西改，哪儿舍得用整幅的丝绒？你喜欢我还是喜欢你母亲？”

“喜欢你。”小时候的张爱玲毫不犹豫地回答。

虽然长大后，她始终对这句话耿耿于怀，觉得对不起母亲，但她对于新衣服的追求，从没有停止过。继母给她穿旧衣服，她便不高兴，觉得这是虐待她。很多年后，她在《小团圆》里还不忘说："翠华从娘家带来许多旧衣服给九莉穿，领口发了毛了的线呢长袍，一件又一件，永远穿不完，在她那号称贵族化的教会女校实在触目。"不了解的人说张爱玲虚荣，虚荣是有的，但也没有办法，她是那么的爱美丽。

那时得不到的，等有能力得到的时候，便更加肆意起来，张爱玲既是如此。

1942 年，再回上海，已是物是人非。仅仅是一年之后，张爱玲便脱胎换骨，当初那衣着破旧的少女如今已是大名鼎鼎的文坛新星。所以，她也可以把对衣服的热爱表现得淋漓尽致了。

的确如此，不管是在朋友中间，还是在文艺圈里，张爱玲都是一个我行我素，独来独往，别出心裁的女子。她不喜欢抛头露面，搔首弄姿，却喜欢华丽奇艳的服装，甚至表现出某种偏执和病态。

她说："得了稿费后，觉得我可以放肆一下了，就随心所欲地做了些衣服，购买了大量时装……"然而，她并没有穿戴，只是摆放在壁柜里。每当更深夜静，闲暇无事时，便翻开来看，握在手里闻，一直到老了，去了美国，也是沉溺其中，乐此不疲。

张爱玲不仅痴迷衣服，她还把漂亮的、美丽的衣服定义为：奇装异服。

1943 年，张爱玲的名字响彻千家万户的时候，除了炎樱，她也不可避免地结交了一些文友，如苏青、潘柳黛等。

有一次，苏青和潘柳黛应约去看张爱玲，张爱玲穿了一件柠檬黄袒胸露臂的晚礼服，浑身香气袭人，手镯项链，满头珠翠，让人一看便知道她是在盛装打扮中。这让苏青和潘柳黛感到惊奇，于是问道："你是要上街去吗？"

张爱玲不紧不慢地答道："不是上街，是等朋友到家里来吃茶。"

当时，苏青和潘柳黛的衣着都很随便，与张爱玲比起来，显得有些格格不入。她们也感到了窘迫，二人交换了一下眼色，非常识相地说道："既然你有朋友要来，我们就走了，改日再来也是一样。"

张爱玲听后，一边沏茶，一边仍旧慢条斯理地回答："我的朋友已经来了，就是你们两人呀！"

这是当时的女作家潘柳黛对张爱玲这一特点的描述，为此她对张爱玲颇有不满。

还有一次，张爱玲穿着奇装异服到苏青家去，轰动了整条斜桥弄。她走在前面，后面就追满了看热闹的小孩子。她为出版《传奇》，到印刷所去校稿样，穿着奇装异服，使整个印刷所的工人都停了工。

她着西装，会把自己打扮成一个十八世纪的少妇。她穿旗袍，会把自己打扮得像我们的祖母或太祖母，脸是年轻人的脸，服装是老古董的服装。她把自己先安排成一个传奇人物，再根据这个人物来打扮。有人问过她为什么如此？她说："我既不是美人，又没有什么特点，不用这些来招摇，怎么引得起别人的注意？"

张爱玲是如此真实，她还曾说："人们没有能力改良他们的生活情形，他们只能够创造他们的贴身环境——那就是衣服，我们各人住在各人的衣服里。”

又说“再没有心肝的女人，说起她‘去年夏天那件织锦缎夹袍’的时候，也是一往情深的。”她对衣服的热爱由此可见一斑。

《传奇》出版后，杂志还专门为张爱玲举办了一场集评《传奇》的茶会。会上出席的人有柳雨生、南容、苏青、哲非等，张爱玲则是这次茶会的主角。

那天，张爱玲的衣着特别显眼，她穿了一件橙黄色绸底的上装，一袭青灰色的长裙，鼻梁上架着一副淡黄色玳瑁边框的眼镜，端庄清丽又不失活力与时尚。

1945 年 4 月 6 日，上海的《力报》上刊登了一篇小文章——《炎樱衣谱》，这篇短文仅有数百字，类似于广告。多年之后，人们才发现这篇文章的作者是张爱玲。当时，炎樱和其妹合开服装店，张爱玲也是股东之一。为了炎樱一句：“爱玲能做什么呢？”张爱玲便写了这篇文章，在文章的背后，可以看到张爱玲笔下炎樱的设计。

事实上，张爱玲的许多奇装异服都是出自炎樱之手。

张爱玲尤其喜爱强烈撞色的衣服，在一次游园会上她遇到当时的影星李香兰，她穿了一件有着别致图案的衣服：“最刺目的玫瑰红印着粉红花朵，嫩黄绿的叶子”，印在“深紫或碧绿地上”，这件衣服是炎樱给她设计的。在与李香兰拍照的那一刻，张爱玲多么骄傲，她觉得自己更加美丽一些，为此，她甚至没有看镜头，得意扬扬的。

她不仅穿着奇装异服出现在朋友家里，出现在各种文坛场合，甚至是在文章里，也对衣服的描述颇下功夫。于是，张爱玲本人及小说中的人物，无不例外地爱上了艳丽华美的服装和琳琅满目的饰品。

什么绫罗绸缎、织锦什布，都色彩斑斓，各具特色。她在文章《天才梦》中写道：生命是一袭华美的袍，爬满了蚤子。

或许不止如此，她更能将衣服与人世联系起来，把对衣服的热爱与她同样喜爱的文学联系起来这也是她的一绝。总之，张爱玲对衣服的热爱，尤其是对奇装异服的热爱已经到了极致。

> 秋凉的薄暮，小菜场上收了摊子，满地的鱼腥和青白色的芦粟的皮与渣。一个小孩骑了自行车冲过来，卖弄本领，大叫一声，放松了扶手，摇摆着，轻倩地掠过。
>
> 在这一刹那，满街的人都充满了不可理喻的景仰之心。人生最可爱的当儿便在那一撒手吧？

这是张爱玲在《更衣记》的结尾处写的一段，这一段最为精彩。在这篇文章中，她从衣服装饰说起，论及人间的物事，论及人生那可爱的当儿，且在那一撒手把的一瞬，读后令人回味无穷。

张爱玲也曾得出这样的结论："对于不会说话的人，衣服是一种语言，随身带着的一种袖珍戏剧。"张爱玲的确是不会说话的人，如果说衣服是一种语言，那她的语言也太过惊人，已至光怪陆离了。

自上海小有名气，乃至后来名声大振。张爱玲的经济能力越来越强大，这导致她在张扬个性、拒绝庸俗方面越来越滑向了极端与偏执，这与她青少年时期遭受梦魇般家境不无关系。

张爱玲喜欢颜色艳丽的、撞色的衣服，正是这种艳丽的颜色吸引了胡兰成。

1944 年 8 月 26 日下午，张爱玲的畅销书《传奇》在上海康乐酒家举办读者茶话会，她和胡兰成同去参加。那天，她穿着橙黄色绸底上衣，像《传奇》封面那样蓝颜色的裙子，头发在鬓上卷了一圈，其他的便长长地披下来，戴着淡黄色玳瑁边框的眼镜，涂着口红。胡兰成还为此说她的风度是沉静而庄重的。

衣服如人，人如衣服。

张爱玲的穿衣风格正如她奇特的性格，更如她一生的传奇般的情感。

或许，张爱玲本身就是一件形状怪异的、颜色肆意的衣服，认识胡兰成之后，她的情感也如一件衣服一样，信马由缰，独一无二，爱得不知所以。

第三卷

Chapter.03

有你，是最美的时光

绝代才女，顾盼倾城 >>>

对于上海这个城市的感情，张爱玲多半是纠结的。在这个城市里，美好和失落共存、希望和悲痛同在，这其中的不解之情不仅是在她的心里，也同样在她笔下的文字里徜徉着。

上海是一座新旧交织的、繁华炫目的城市。有着极具特色的一排排民房和黄褐色的古巷，也有着绵延十里的繁华洋场；你能看见那挥汗如雨的人力车夫从一家家商铺门前飞奔而过，也能注意到一辆辆奥斯汀牌的汽车停在灯红酒绿的高级饭店门前；一条街上，穿着长袍大褂的先生们夹着一个纸包匆匆赶回去，另一条街上，西装革履的海归一脸正气地向报社走去……

中西方一切冲突的文化在这里交织，给张爱玲带来了不一样的深厚文化底蕴。

“新旧文化种种畸形产物的交流，结果也许是不甚健康的，但是这里有一种奇异的智慧。”张爱玲说。

这座海纳百川的城市正是张爱玲感情和才情的依托，即使曾在此深受伤害……

依然是这里，只有这里，也只能是这里，有她文字的灵魂和血脉。

张爱玲出生于此，但是8岁以前，她的记忆里只是天津。8岁以后，张爱玲便逐渐融入了这奢华与喧嚣中。

1942年，张爱玲返回上海时，住到了爱丁顿公寓。这是一幢7层楼高的西式大楼，坐落在静安寺热闹的街头。1908年，以此为起点，上海建成了第一条有轨电车轨道。正是在这座公寓里，张爱玲看着窗外来来往往的人流和一趟趟穿梭而过的电车，写下了继“两炉香”之后的又一篇作品《封锁》，1943年，收入《传奇》面世。

1943年，张爱玲在《紫罗兰》上发表“两炉香”之后，一夜成名，大街小巷的书摊上都有她的作品，越来越多的文艺界人士也都看好这位青年才女，她的穿着奇装异服的照片也成了各大杂志的封面图像。

1944年的一天，张爱玲穿着一身桃红色的旗袍，那旗袍用黑缎子镶了边，外面罩了一件葱绿色的古式夹袄。她要亲自来看看自己的书卖得怎么样，随意走到一个报摊前，她看到了那本熟悉的印制精美的书，封面上赫然印着两个字“传奇”。

“小姐，来一本吧。”摊主热情地打招呼。

“销路还好吗？这么贵……有人买吗？”张爱玲装作不相干的样

子问道。

“这本书可好卖了！我一下就进了几十本，这不，没两天就剩这最后两本了，你拿一本，另一本我还舍不得卖呢！我要自己看。小姐，你不会没听说过‘张爱玲’这个作家吧？……”

张爱玲心里喜滋滋的，听着摊主津津乐道地跟她讲有关“张爱玲”的事。是的，整个上海都在议论着她。

在上海，张爱玲觉得姑姑这里是她唯一的归宿，更是她的最佳写作环境，而且，她也将姑姑当作自己在上海最亲近的人。

或许，胜过了母亲。

张爱玲的姑姑张茂渊也同样是在那娇贵的奢华的大家庭中长大的，对那个大大的阴冷的家，她比张爱玲有着更深的记忆。张茂渊有着大家闺秀的雍容典雅和清高自傲，性格却也温和，对张爱玲也很照顾。但是她也太过追求完美，对生活的要求更是精致。张爱玲深知姑姑的脾气，她总是能让自己和姑姑有时候的不近人情相得益彰，而且，她认为姑姑是有一种“清高的机智见识”的。

张爱玲经历了家庭的分崩离析，在这乱世之中，她唯有在姑姑的家里，感到一丝亲情的温暖。

于是，无论是什么事，张爱玲都喜欢与姑姑交谈，尤其是那些她所不知道的家庭旧事。有时候，姑姑还会抱怨：“和你在一起，使人变得非常唠叨而且自大。”不过，这些大家庭中的沧桑旧事，后来都成了张爱玲创作的源泉和丰富的资料。

都市里繁杂琐碎的奇闻怪事，男男女女间绝美苍凉的进退情感，在这荒芜的战争背景下显得极不协调，但是张爱玲一向都与那些枪炮声无关，她以一种独有的贵族气质，用大俗大雅的笔墨描述着人情世事。

上海，是张爱玲一生抹不掉的情结。她出生于上海，即使是直到记事后才又回来，经历了那么多难以言明的苦痛，但是张爱玲文章中诸多情景都源于她的生活和这片故土。

她首先从自己生活里的人物着手，《茉莉香片》中的男主角聂传庆就是张爱玲的弟弟张子静的缩影。《茉莉香片》主要讲的是父子之间的冲突，张爱玲用别开生面的手法阐述了男主人公聂传庆对两个“父亲”和母亲的怨恨纠葛，深刻地表现出他对爱的渴望和对爱深深的失望。

这篇文章有很多张爱玲自己家庭的影子。

此后，张爱玲又把笔锋转向了爱情上，用看似稚嫩的笔触一步步探索中年男女之间微妙的关系。

首先就是《封锁》，在这篇小说中，张爱玲用细腻的笔触刻画出了性格鲜明的男女主人公，讲述了一段发生在电车里的爱情。封锁解除了，爱情便不见了。

张爱玲还没有谈过恋爱，对于 23 岁的她来说，爱情还只是一个很缥缈的抽象的东西，但是她却能够写出来。在《红玫瑰与白玫瑰》和《倾城之恋》中，她更是将爱情写得与众不同。

除了这些最具代表性的文章，张爱玲在这一时期的作品无不体现出她对文字的深刻领悟力。她善于从主人公的身上挖掘人性深处的东西，看似很热闹，实际上却把热闹中的每一个人隐含在内心的欲望赤裸裸地展现在读者面前。她的笔调悲凉，笔触犀利，让人从无尽的悲凉中感到畅快淋漓。

总之，1943 年，是张爱玲收获的一年，她成了上海引领风气的人物。不只是她的作品，她的行事风格、穿衣打扮都成了圈内人士津津乐道的话题。

有品位、有才情、有家世，仅仅二十岁出头的张爱玲虽然是那时上海很多男性仰慕的对象，但性格孤傲的她却始终没有青睐任何人。

1944 年，很快就来到了，张爱玲期待这一年能收获更多的荣耀。或许，包括爱情，她在文章中写了那么多不同凡响的、惊世骇俗的爱情，她自己也该是期待的时候了吧。

然而，她并不知道，其实，爱情的种子已然埋下。

情不知所起，一往而深 >>>

张爱玲曾经像所有人一样，她来到这个世上时也同样似一张白纸，她同样首先拥有亲情，其次是友情，然后是爱情。然而，她是多么不幸，亲情对她来说是什么，她早已失望极了，就在父亲一次次淡漠和打骂的时候，在母亲一次次离她而去的时候。

她的所有的情感都寄托在友情和爱情上了吧，所以她把炎樱看得那么重。然而，友情终究不是深入灵魂的感情。唯有爱情，是的，张爱玲也这么想，她需要一份爱情，陪她到老。

张爱玲是多么会描述的人，她对文字的修饰功力那么强。然而，在爱的范畴里，张爱玲没有去修饰，没有去装点。她洗去语言的铅华，抛却一贯的华丽绚烂，她是这么简单。

她如此简单地对待的那个人就是胡兰成。

1944 年，正是张爱玲名声大噪的时候，她迎来了爱情。

她以为这是她人生中最美丽的相遇。

爱情是多么奇妙的事情，它发生了，并不需要一个具体的理由，或许只是在人群中多看了一眼，或许是在异乡中的一次偶遇，甚至只是一件不相关的东西，一只用旧了的茶杯？一幅色彩艳丽的风景图，抑或是闲来无事顺手抄起的一篇文章，就可以了。

胡兰成正是如此。

胡兰成生于 1906 年，浙江绍兴人。他从小家贫，吃过很多苦，如今的才、钱、名、权、位全是凭自己一人打拼挣的。几年前他的发妻唐玉凤过世时，他还是一个生活在社会底层只身闯世界的文人，为了能够出人头地，他在挣扎中淡漠了自己的人格、尊严、价值观，最终成为汪伪政府的文人。

然而宦海沉浮，祸福难料。已在汪伪政府中任职的胡兰成正在汪政府好运频频，节节高升，势不可当的时候，竟遭到了汪精卫的冷落，还被关进了大牢。

1944 年 1 月，南京石婆巷 20 号。胡兰成刚刚被释放出狱，眼下闲来无事。午饭过后，他瞥见桌子上放了两本《天地》杂志，便拿起来走到草坪上去。

冬日的这个午后，微偏的阳光暖暖地照在他身上，胡兰成索性就坐在藤椅上翻看起来。给他寄书的是该杂志社的主编冯和议，笔名苏青，胡兰成任《中华日报》主笔时和她相识。

苏青以自传体性质的小说《结婚十年》而闻名，是当时与张爱玲齐名的女作家，她与张爱玲也是相当要好的文友，经常与张爱玲、炎樱一起闲坐。

胡兰成一篇一篇地翻阅着，他也是很有文学天分的人。突然，他看到一篇文章，不由得坐直了身子，他又看了看标题，名为《封锁》。他细细读了起来，不禁为这娴熟的文笔，洞察人性至深处的心理描写所折服。胡兰成又看了一眼标题，最后把目光落在了作者身上。张爱玲，作者是张爱玲，他慢慢放下了杂志，头脑里幻化出无数个张爱玲的形象。

胡兰成的爱情之枢，便始于此。

胡兰成觉得这篇《封锁》不同凡响，他忍不住又读了一遍，此时，他的心里就像住进了一群小蚂蚁，密密麻麻地驱使他抓一下。他小心翼翼地将书放了起来，那幽微透彻的心理描写尤其使他难以忘怀。再想到张爱玲这个名字，胡兰成忽然感觉到一股亲切之感油然而生。

由文及人，浮想联翩，胡兰成越发觉得要结识这个张爱玲了。他突然站起来，背着阳光，向书房走去，他决定写信给苏青。信中对张爱玲的文章大加赞赏，最后问：“这张爱玲果系何人？”

苏青回信说：“是女子。”

胡兰成听说是个女子，他心里那密密麻麻的蚂蚁更加骚动了。自此，他心里便放不下。他说：“我只觉世上但凡有一句话，一件事，是关于张爱玲的，便皆成为好。”

不久，苏青又给他陆续寄了《天地》，张爱玲的散文《公寓生活记趣》《道路以目》均刊登在《天地》上，还附了一张照片，这张照片是张爱玲很满意的一张。

这照片就像一把锤子，实实地把胡兰成的心敲落在心底了，胡兰成感到心里踏实了。文章是这样好，已经令人难以置信，现在看了照片，人又是这样不错，胡兰成不由发了痴，“一回又一回傻里傻气地高兴”。

此时，张爱玲从苏青那里，也知道了胡兰成的态度，心中很有些暗自得意。

1945 年 2 月初，胡兰成从南京来到上海。他一下火车就去找苏青，说明自己的来意。

“张爱玲忙得很，等闲人物一般是不见的。”苏青告诉他。

此时，胡兰成刚刚开启了他的第二次婚姻。但是他还是心有不甘，执意要结识张爱玲。在他的再三恳求下，苏青才迟疑着把张爱玲的地址给了他。

第二天，胡兰成便一身长袍，彬彬有礼地敲响了上海租界区静安寺路张爱玲深锁幽居的宅门。

“侬找阿里一位？”门里传来女仆的问话声。

“我是从南京慕名来访的一位读者，想见一见张爱玲小姐。”胡兰成答道。

女仆迟疑了一下，又说：“张爱玲小姐身体不适，现在不见客。”

胡兰成没有气馁，他从公文包里摸出纸笔，写下了自己的名字和电话号码，请女仆送给张爱玲小姐。女仆应了一声，从传信口接了纸条，再没了声息。

张爱玲从女仆手里接过纸条，心里不由一愣：胡兰成？这个人她是知道的，常在《中华日报》《南华日报》发表一些政论文章，用笔老辣，是汪伪政权里的一个大“笔杆子”，更兼颇有名士风范，在上海、南京一带也算得上一个人物。去年，胡兰成入狱，她还与苏青同去，为胡兰成说情呢。

这时，张爱玲年仅24岁，她的性格又致使她的生活圈子十分狭窄，况且是官场中的人与事，她素来更是难得一问，对于胡兰成的来访，她着实犯了疑。

但是她毕竟是在大家庭长大成人的，自然礼数周全，于是她思虑再三，决定回访胡兰成。

张爱玲一向不轻易面见他人，即使是自己的弟弟张子静，也是难得一见。然而，这次却不同，是命运安排的吗？

不知道，张爱玲此时或许还不曾发现自己的改变，在命运的驱使下，她还并未察觉自己正陷入这个男人编织的情网中。

只隔了一日，张爱玲便打电话给胡兰成，说自己将进行回访。此时，胡兰成住在大西路美丽园，与张爱玲的住处相隔不远。

放下电话，张爱玲眼看就要到胡兰成的住所了。在美丽园三层胡兰成自己的房间里，两人第一次见面。

胡兰成对这次见面，满心期待，他想张爱玲必定是窈窕美人。然而，他却有些失望了。在《今生今世》中，他这样描写第一次与张爱玲见面时的场景和印象：

“一见张爱玲的人，只觉得与我所想的全不对。她进到客厅里，似乎她的人太大，坐在那里又幼稚可怜相，待说她是个女学生，又连女学生的成熟亦没有。

“她的神情，是小女孩放学回家，路上一人独行，肚里在想什么心事，遇见小同学叫她，她亦不理，她脸上的那种正经样子。”

这是乍一看印象，胡兰成在失望的同时又燃起一股新的期望，应该是他没有想到过的期望。张爱玲的确不是很漂亮，更谈不上妩媚了。她的气质是骨子里渗出来的，这无声的气质轻易地就将整个房间拢了住，这眼前的人似是也要被震慑住了。

多年以后，胡兰成的侄女胡青芸回忆起第一次看到张爱玲的时候，说张爱玲长得很高，不漂亮，看上去比胡兰成还高了点。身穿奇装异服。鞋子也是自己做的，半只鞋子黄，半只鞋子黑。

胡兰成是个情场老手，阅人无数，但是张爱玲这样不美的女人却让他不知所以了。他说：“我时常以为很懂得了什么叫惊艳，遇到真事，却艳亦不是那艳法，惊也不是那惊法。”

张爱玲的出现，把胡兰成过去对女性的审美，完全给打乱了，片刻之间，他便完全被迷倒，甚至觉得她顶天立地，自己的客厅都显得不合适了。

张爱玲是不一样的女子，她没有二十几岁年龄的青春活力，更没有饱满的女性魅力，她的气质，如烟似雾，俨然遮住了胡兰成眼前的一切万物。

胡兰成对于张爱玲来说，也不是想象中的那样。张爱玲没有想到一个政府要员竟能够这样儒雅，风度翩翩。胡兰成“眉眼很英秀，国语说得有点像湖南话，像个职业志士”。在张爱玲看来，这完全符合她的想象和期待。

胡兰成也是个文人，他肚子里是有东西的，看见自己心仪的女子，便更加夸夸其谈起来。他谈了对当时流行作品的批评，谈了张爱玲的作品好在哪里，又谈了他自己在南京的一些事情。

张爱玲很感激胡兰成关注她的作品，胡兰成则说：“因为相知，所以懂得。”

胡兰成多么会说话，他多么擅长将自己与女人的关系变得暧昧。此时，他或许是真的为张爱玲所倾倒，两颗心就这样渐渐地贴近了……

胡兰成固然是个花心的人，但是他并不是随便花心的人。与张爱玲这样的大才女交谈，他也觉得忽然找到了自我，便在那不合适的客厅里侃侃而谈起来。

这期间，是胡兰成说得多，张爱玲只是很有兴趣地听着。

这一谈，竟然就是 5 个小时！张爱玲或许已经感到时间正悄然流逝，很久很久了，对她来说，这的确是很久的一次谈话，与陌生人之间。

在这 5 个小时里，胡兰成很轻易地就从一位慕名而来的读者一跃而成了这个清高、孤傲女子的知音。

或许，张爱玲一颗懵懂的、憧憬的心也正被一股力量热烈地冲击着。

终于，说完了。张爱玲起身告辞，胡兰成送她到弄堂口。

2 月的上海，风中夹杂着丝丝凉意，张爱玲或许没有感觉到这些，巷子长长的，似乎很久才能走到头。两人并肩而行。

胡兰成突然脱口而出："你的身材这样高，这怎么可以？"

这句话里的暧昧之意已经很明显了，张爱玲一怔，几乎要起了反感，但却也没说什么。在这样并肩而行的温馨的氛围中，就算是对方有一点不得体，也是可以原谅的吧。她似乎还感到了一些温暖。

这个初春，张爱玲或许也是这么想的，多么温暖。甚至这温暖比往年来得更早了一些。

温暖，张爱玲这一生最缺少的就是温暖。她或许不曾期待爱情，那世间的情感多么令人沮丧。然而，爱情正悄然临近，她还未曾触碰过这别样的温暖。

澄澈的外滩上，夕阳正悄然隐退，新的一天即将到来，带着崭新的温暖到来。

因为懂得，所以慈悲 >>>

张爱玲走在春风里，回望来时那坎坷的路，她的确是有些孤独了，以前，除了父亲、舅舅、弟弟，她几乎没有接触过其他异性。而且，她一向深居简出。如今，贸然来了一名男子，这男子文质彬彬、知书识礼，张爱玲一下子便乱了阵脚。

第二天，胡兰成又去见张爱玲，张爱玲为胡兰成和姑姑作了介绍。

“太太一块儿来了没有？”姑姑是第一次正式面对胡兰成，她忽然恶作剧似的问。张茂渊不干涉他们往来，但还是以此提醒。姑姑的提醒太露骨了，张爱玲也被惹得笑了。

胡兰成回答的时候，也忍不住笑。

这天，张爱玲穿了宝蓝色绸袄裤，戴了嫩黄边框眼镜，这样的打扮，让她脸庞越显丰满。走进张爱玲的房间，屋里家具陈设简单，颜色却鲜亮刺激，整体又是优雅的，胡兰成觉得很惊诧，忽然感到有些不自信了。

多年以后，张爱玲借用《小团圆》描述了这一段回忆：

胡兰成说："你们这里布置得非常好，我去过好些讲究的地方，都不及这里。"

张爱玲说："这都是我母亲跟姑姑布置的，跟我不相干。"

"你喜欢什么样的呢？" 胡兰成稍稍有些吃惊。

张爱玲想，是深深的洞窟。

胡兰成又打开了他滔滔不绝的话匣子，他是在炫耀，炫耀自己的才情与见识，也是在吸引张爱玲的注意力。他就像是带了拿手的武器挑战她来了。然而，张爱玲是徒手的，她没有武器，她只是淡淡的一来一往罢了。

这一次，他们谈得更多了。胡兰成坐了很久，他向张爱玲谈自己的生平，谈生活的坎坷。一向不善言辞的张爱玲在胡兰成的带动下放开了许多，主动提及听闻胡兰成在南京下狱之际，她竟动了怜才之念，曾和苏青去过周佛海家为胡兰成求情。

苏青并没有跟胡兰成提起这件事，胡兰成听后大为感动，又觉得张爱玲实在是幼稚得可爱。

如此一坐，又是半日过去，胡兰成告辞后，姑姑便笑张爱玲，好似无意地说了一句："他的眼睛倒是非常亮。"

张爱玲也只笑笑，没做辩解。

正是情窦初开的时候，胡兰成又风流倜傥，张爱玲是完全乱了阵脚了。

胡兰成回家之后，久久不能入眠，挥笔给张爱玲写了一首直率而幼稚的情诗。

张爱玲看后笑了，回信：“因为懂得，所以慈悲。”

张爱玲的表达是模糊朦胧的。胡兰成是懂张爱玲的，懂她生于贵族家庭的无奈和没落，懂得她的孤寂灵魂。于是，慈悲。

张爱玲已经对这个比她大十几岁的男人有些倾慕了，这八个字便是证明。

自此，从美丽园到赫德路公寓，就等于没有距离了。胡兰成把“正事”全抛开，每隔一天必去看一趟张爱玲，坐在那个颜色刺激的小房间里，喝红茶、吃点心、谈文艺。

张爱玲对此，毫无不妥的感觉。人一相投，就像认识了几十年一样。她天天在家中恭候，连炎樱来约她看电影，也要等胡兰成来过以后再去，或者索性三人一起去。

一个是簪缨世族，名门千金；一个是家门落魄，乡野草根。一个是酷爱文字，热衷写作，红遍上海滩的 24 岁妙龄才女；一个是风云乱世，闯荡政治，投机官宦，声名有辱的 38 岁的中年男人。

张爱玲和胡兰成。这本来两个身世不相干，年龄不相干，所追求的东西不相同的人，却越走越近。他们相互向对方走来，又一同向前方走去，就要走进那滔滔情海里了。

然而，张爱玲此时还不知道今后会发生什么，她可能也只觉得是很美好罢了。

“从尘埃里开出花来” >>>

风，轻轻地走了来，吹动了云，拨动了一颗蠢蠢欲动的心；又轻轻地走了来，吹响了一只铃，撩动了丝丝难以抑制的情意。张爱玲便是那云，那铃。

张爱玲和胡兰成走得越来越近了，张茂渊再宽容，也看出了些苗头，再不干预，也是要管一管的，她觉得该找张爱玲谈一回了。

彼时，上海正处于沦陷期，大多数人对日寇的暴行怀有仇恨。1944 年，越来越多的上海人坚信“小鬼子长不了”，而胡兰成的政治身份不明，还是敬而远之为好；其次，胡兰成已有妻室家小，一个清清白白的大小姐与他交往，实在不妥。张茂渊表明了自己的态度和担心。

张茂渊的担心是正确的，张爱玲也一向都听姑姑的话。

这一次，张爱玲也不能置之不理。

她陷入了苦痛之中，这其中的道理，她是明白的。

与胡兰成断绝往来，张爱玲觉得与他的结果不应该是这样，这样太过不圆满。夜，很深了，张爱玲在黑暗中寻找答案，回答她的只有同样的黑暗，这情形让她感到凄凉。

但是没有办法，姑姑的话再一次在耳边响起。姑姑是不爱操心的人，如果她真的插手了，那就代表了这件事情的严肃性，张爱玲只有无奈。

第二天，张爱玲便给胡兰成送去了一个字条，人也没见，纸条上只几个字：你不要来见我了。

胡兰成看到字条，感到很疑惑，他不知道为什么。然而，他却是很有把握的，因为只有恋爱中的女子才会这样做，胡兰成太了解女人了，这是他的高明之处。

于是，胡兰成没有在意。就在当天，他还是照常去了张爱玲那里。

此时，张爱玲正在恍惚中，心神不宁，她为自己的做法感到后悔，却又不得不这么做。正想着，忽听得电梯“空通空通”一阵响，接着便有人走过来敲门。

张爱玲犹豫了一下，这一下仿佛是一个世纪。在这“一个世纪”里，张爱玲什么都没做，她只是很纠结，她希望是胡兰成，又不希望。然而，她已经站在门前了，她还是开了门。

果然是胡兰成！张爱玲的心很是欢喜。很多时候，再会伪装的人，都难以掩饰内心，况且张爱玲是不会掩饰的人。

来了，就没有请出去的道理，就算张爱玲为人怪异，那也得分人，胡兰成这个人，她是断然不会把他请出去了。

索性！胡兰成天天都去找张爱玲了。他一来就和张爱玲在客厅里聊天。张爱玲坐在胡兰成的一侧，隔得远远地听他讲，因此“永远看见他的半侧面，背着亮坐在斜面的沙发椅上，瘦削的面颊，眼窝里略有些憔悴的阴影。弓形的嘴唇，边上有棱”。

姑姑也是皱着眉，半笑着轻声说“天天来——！”

张爱玲羞于面对姑姑，她觉得自己陷入了窘迫的境地，但是她又不能违背自己的内心，内心中已经难以抑制的情感。

有一次，胡兰成带着张爱玲去参加文化沙龙。

张爱玲“穿着件喇叭袖孔雀蓝宁绸棉袍，整个看上去有点怪，见了人也还是有点僵，也不大有人跟她说话”。她终究不是红尘中的人，显得这么格格不入。然而，张爱玲还是跟着胡兰成去了。

男女相悦，到了这一步，是无人能阻挡了，两人关系也等于公开化。

胡兰成照常天天来与张爱玲聊天。他每次走后，都会留下一烟灰盘的烟蒂，张爱玲便把烟蒂都收集起来，装在一个旧信封里。下回胡兰成再来，就拿给他看。胡兰成自是会心一笑。

有一次，胡兰成在张爱玲那里信马由缰地聊时，无意中提起了登在《天地》上的那张照片，便赞美了几句。

第二天，张爱玲就准备了一张，送给了他。翻过背面来，有张爱玲写的话：

见了他，她变得很低很低，低到尘埃里，但她的心里是欢喜的，从尘埃里开出花来。

如此，张爱玲的确是不会掩饰的人，以至于说出这样毫无保留的表白的话来。

张爱玲终究是个女子，世俗中的女子，爱情来了的时候，她是抵挡不住的。

胡兰成在《今生今世》中说，对这照片，他只是“端然地接受，没有神魂颠倒”。

对于这样的结果，胡兰成早已了然于心了，这个结果肯定都会到来，只是时间问题。

多年后，张爱玲在《小团圆》里写道：“这张照片，是在一个德国摄影师那里照的，特别贵，所以只洗了一张。”

对于这样的表白，胡兰成开始装作并没有放在心上，他还是小心翼翼地，每次来都问：“打搅了你写东西吧？”

他看见张爱玲吃住都在这间房里，太过简朴，就笑着说：“你还是过的学生生活。”

由此两人又扯到了生活贫富的问题。

张爱玲说：“我不觉得穷是正常的。家里穷，可以连吃个水果都成了道德问题。”

胡兰成感叹道：“你像我年轻的时候一样。”

他说起年轻时，爱过一位同乡的“四小姐”，她要去日本留学，本来可以一块儿去，可是……胡兰成一笑：“要四百块钱——就是没有。”

有一天晚上，胡兰成告辞，张爱玲像往常那样站起来送他出去。胡兰成灭掉了烟蒂，双手按在张爱玲的手臂上笑道：“把眼镜拿掉好不好？”

张爱玲会意，笑着摘下眼镜。胡兰成吻了她，她感觉到他的胳膊有一阵强烈的痉挛向下流去，也感觉到他袖子里的手臂很粗。

张爱玲想道：“这个人是真爱我的。”《小团圆》里的这句话，和《色·戒》里王佳芝在关键时刻的那句话一字不差。

第二天，胡兰成在外应了饭局，才匆匆赶来找张爱玲。这时双方都已吃过晚饭，张爱玲给胡兰成端来一杯茶，端茶的时候，她闻到胡兰成身上有酒气。

两人又谈了一会儿，胡兰成就坐到了张爱玲身边来，直通通地问：“我们永远在一起好不好？”

灯光有些昏黄，这该死的颜色让气氛显得更加暧昧了。张爱玲靠在沙发背上，转过头微笑地望着他：“你喝醉了。”

“我醉了也只有觉得好的东西更好，憎恶的东西更憎恶。”胡兰成抓过张爱玲的手，看了看两个手掌心的纹路，笑道：“这样无聊，看起手相来了。”而后，又说了一遍，“我们永远在一起好吗？”

张爱玲问：“你太太呢？”

胡兰成不假思索就答：“我可以离婚。”

张爱玲说：“我现在不想结婚，过几年我会去找你。”

张爱玲依旧保持着惯有的冷静，她不想结婚，是因为时局不稳，谁都不会知道明天将会发生什么，胡兰成同样明白这个道理，他没有再继续说话，只是微笑了一下，这个话题到此为止了。

过了一会儿，才转移了话题，说到张爱玲的名字，胡兰成说：“你这名字脂粉气很重，也不像笔名，我想着不知道是不是男人化名，如果是男人，也要去找他，所有能发生的关系都要发生。”

临走，胡兰成把张爱玲拦在门边，一只胳膊撑在门上，喜滋滋地久久望着张爱玲。

他的脸，正面比较横宽，有点女人气，而且是个市井的泼辣的女人，张爱玲越发喜欢这张脸了。但是张爱玲没有直盯着他看。

他终于只说了一句：“你眉毛很高。”

胡兰成走后，张爱玲怀揣着一颗忐忑的心，对姑姑说了胡兰成求婚的事。

张爱玲总要对姑姑有个交代的。

姑姑说：“当然你知道，在婚姻上你跟他情形不同。”

张爱玲说：“我知道。”

第二天，胡兰成破例没来。又过了一两个星期，胡兰成依旧没有再出现，连姑姑也发觉了："有好些天没来了。"

正是早春时节，马路两旁那洋梧桐树拼命地抽出新叶，每棵树都显得精神抖擞，高举着一盏璁绿点子的碗。有几个人力车夫匆匆地跑过去了，一位太太轻轻按着耳后那朵夸张的簪花，又往下放了放丝质的披肩，走进一家商铺里去了。

张爱玲独自在这路上走着，她此时的心情有些像头顶的天空，明快的蓝色让人感到舒服，那件事，该就这么圆满结束了吧？然而，那明快的蓝里又生出一些白色的雾块，不免有些怅惘。

其实，胡兰成每个月大概有八九天的时间回到上海。他每次回来后，不是先到美丽园自己的家，而是先去看张爱玲，一进门就很自然地说"我回来了"，俨然一副丈夫的做派。

是的，他们终于还是恋爱了，或许，这是两人早已心知肚明的事。一个 24 岁，正值花季，就像春天里那刚刚发了芽的嫩草；一个 38 岁，早已是秋季里的金黄的麦穗，沉甸甸地充满了成熟的魅力。他们恋爱了。

在胡兰成面前，张爱玲也开始变得絮语不休。渐渐愿意将她的收藏拿出来给他看了。一把绿驼毛的折扇，两串一蓝一紫的玻璃大珠子，一只祖母的玉镯子，数张老照片。她逐日还原成了一个天真烂漫的年轻女孩。自幼孤寒的她，原来对父亲有一种温存的情绪，却被年少时的殴打与羁押破坏了大半，母亲是相当注重西洋做派的美妇人，总用一种淑女的标准来挑剔她。她已经习惯与世界保持距离，却又对人间的温暖心存向往。与胡兰成的交往，让她窥见人间最简单最温暖的情怀。

张爱玲一向都是如此，她的个性多么怪异。她是很纯净的小女孩，无关政治、无关年龄、无关婚史，只需一个懂得，就让清高的她“低到尘埃里”，还开出花来。

此时，张爱玲意气风发，已经在爱情里不顾一切了，她不知道她这一“低”，便从此低到尘埃里。

岁月静好，现世安稳的宏愿 >>>

张爱玲不顾姑姑的劝解和舅舅的阻拦，和胡兰成度过了一个火热的夏季。

岁月静静的，即使是乱世，也不能打扰到它。张爱玲感到这平静中的美好，她从未感到寻常的生活能够这般美好。于是，她奋不顾身地就随着这寻常变得寻常起来了。

1944 年 8 月，胡兰成的第三任妻子应英娣向胡兰成提出离婚，她知道胡兰成要的不单单是婚外情，他的占有欲太强了，只有放手才是最明智的选择，于是，他们离婚了。应英娣把胡兰成完整地送给了张爱玲，或者说是推给了张爱玲。

胡兰成离婚了，这也正好给了他和张爱玲感情升华的机会。

那天，胡兰成来到张爱玲处，他告诉张爱玲他离婚了，说完竟嘤嘤地哭了起来。胡兰成是个多情的人，他并不是想离婚，他只是想占有更多的女子。然而他如今也没有办法了。

在张爱玲看来，她多半是欢喜的，她觉得他应该和她在一起。于是，她并没有同情他，她的感情是直白的，更不会伪装自己，况且她一向都自我，与其他的什么事一概没有什么关系。

如今，这对极不相称的爱人，张爱玲和胡兰成，他们的感情当真是可以顺流而下了。于是，水到渠成。

1944 年 8 月间，胡兰成和张爱玲的爱情终于要以一个具体的结果继续延续了，那就是：结婚。

此时，外面的时局正在翻天覆地的变化着，胡兰成也感到了威胁，他考虑到自己的身份，并没有同张爱玲举行结婚仪式，只以一纸婚书为证，文曰：

胡兰成与张爱玲签订终身，结为夫妇，愿岁月静好，现世安稳。

前两句是张爱玲写的，这是一个女人对男人托付终身的毫无修饰的宣言，后两句是胡兰成加的，这是一个男人对女人的最美好的誓言和承诺。以张爱玲的好友炎樱和胡兰成的侄女胡青芸为证，他们结成了夫妻，虽然只是一张纸。

这一刻，张爱玲和胡兰成是相爱的；这一刻，的确是岁月静好。

多么平淡而美丽的愿望。

一个人在恋爱的时候，总是不由自主地表现出真实的自己来，即使是再孤傲、再清冷，面对爱人，也总有不一样的可爱之处，张爱玲便是如此。她不是天生就是这样性格的人，只是太过于缺少爱了，尤其是那令她失望至极的父爱，于是，她便把所有的爱寄托在了胡兰成身上。

张爱玲如今已为人妇了，她在爱情里褪去了那奇装异服下包裹着的清高，扔掉了那毫无表情的面容。爱情这一剂良药，让她肆意地挥洒她个性中原有的最自然的部分，当然，这只是在胡兰成面前。

胡兰成觉得张爱玲有着极高的文学素养，并在这位才女的世界里找到了真正的自己。于是，他们谈论共同的爱好：文艺。两人同看一本书，兴致勃勃地谈经论诗。

胡兰成从张爱玲的见解中对那些他曾以为自己精通的东西有了新的认识，他觉得张爱玲对文字的理解能力和领悟能力超乎常人。有一次，两人读《诗经·大雅》，张爱玲就觉得其文字优雅简洁，念道："倬彼云汉，昭回于天"，便不再读下去了。

张爱玲说："啊，真真的是大旱年岁。"

又一次，读《古诗十九首》的时候，念道："燕赵有佳人，美者颜如玉，被服罗裳衣，当户理清曲。"

读完之后，又感到很诧异，便说道："真是圣洁，那是妓女呀！"

因为张爱玲独到深刻的见解，那些蕴藏在古诗文中的精彩之处才渐渐显露出来，胡兰成之前竟全然不知，他为此感到欣喜。

就这样，新婚的生活没有不甜蜜的道理。张爱玲和胡兰成就这样沉浸在甜蜜中，天天在家里交谈嬉戏。有一次，晚饭过后，张爱玲凑近胡兰成，灯光明晃晃地洒在两人身上，张爱玲轻轻抚过胡兰成的眉毛，喃喃地说："你的眉毛。"抚到眼睛，说："你的眼睛。"抚到嘴上，又说："你的嘴，你的嘴这里的涡，我很喜欢。"满怀爱恋，满怀珍惜。

是的，张爱玲感到很幸福，她也觉得自己可以就此幸福下去，真的在现世，安稳、静好。

一天午后，两人在马路上散步，张爱玲穿了一件桃红色的单旗袍和一双鞋头鞋帮绣着双凤的绣花鞋，胡兰成最喜欢她穿这双鞋子。

胡兰成夸奖爱玲好看。

张爱玲说："桃红的颜色闻得见香气。"

女为悦己者容，张爱玲知道他喜欢，胡兰成每次从南京回到上海，张爱玲都会穿这双绣花鞋迎接他。这双鞋是在一次静安寺庙会上买的，胡兰成觉得穿在张爱玲脚上，线条显得更加柔和。

张爱玲这不食人间烟火的性格终于在爱情里变得平凡了，甚至是像一般的夫妻那样俗气了。

新婚的生活多么美好，张爱玲体会到做夫妻的实实在在的感觉。有了爱情的滋润，张爱玲迎来了她写作的高峰，《连环套》《年青的时候》《花凋》《红玫瑰与白玫瑰》《殷宝滟送花楼会》等都是这一时期的作品。

张爱玲的名声依旧响亮，她的书，销路一向都很好，稿费也很高，即使是婚后，也不用胡兰成养她，然而又为胡兰成给她零用钱感到高兴，她还兴致勃勃地用这钱做了一件很流行的皮袄。她心想：这世间都是丈夫给妻子钱用，她也要这样，心里欢喜得很。张爱玲曾在《童言无忌》中写道："能够爱一个人问他拿零用钱的程度，那是严格的试验。"

此时，胡兰成也觉得张爱玲的可爱，她毕竟是还正在成长的路上，并不成熟。一天，两人同去看朝鲜著名舞蹈家崔承禧的舞蹈表演，看完后，出了戏院门口才发现天降瓢泼大雨，他们便叫了一辆黄包车，胡兰成抱着张爱玲，在雨篷的小小天地中，觉得欣慰。

这是张爱玲二十几年来，唯一一段感到如此舒心、美好的时光。她没有了小时候的敏感，也没有了长大后对世界的惶恐，她开心地笑着，毫无保留地在胡兰成面前展示简单的、纯净的自己，连眼睛里都是满满的笑意。胡兰成也感到满心欢喜，轻轻抚摸她的脸颊，忍不住说道："你的脸好大，像平原缅邈，山河浩荡。"

张爱玲接道："这样的脸好不怕人。"

胡兰成问张爱玲，两人在一起的感觉。张爱玲认真地回答："你像一只小鹿在溪里吃水。"

张爱玲和胡兰成俨然一对如胶似漆的小夫妻，他们玩着情人间百玩不厌的无聊的小游戏，生活也就是这样地充满了乐趣。

与姑姑住在一起的时候，张爱玲最不喜欢的就是下厨做饭了，但是与胡兰成结婚之后，她没几天就成了一名合格的厨娘。她喜欢牵着胡兰成的手去市场上买菜，挎着篮子穿梭在人群之中，哪家的青菜新鲜，哪家的肉肉质好，她都一清二楚。

张爱玲甚至在胡兰成一人独坐书房的时候悄悄拉开门看他，然后再写道："他一人坐在沙发上，房里有金粉金沙深埋的宁静，外面风雨琳琅，漫山遍野都是今天。"张爱玲又觉得连他的姓都是好的，她又说道："姓崔好，我母亲姓黄亦好，《红楼梦》里有黄金莹，非常好的名字。张字没有颜色气味，亦不算坏。比如姓牛就很难听，胡姓很好。"

胡兰成说："胡姓来自陇西，称安定胡。上代也许是羌，羌与羯氐鲜卑等都是五胡。"

张爱玲说："羌好，羯很恶，面孔黑黑的。氐有股气味，鲜卑黄胡须。羌字像只小山羊在走路，头上两只角。"

与胡兰成在一起，张爱玲一刻不停地看着他，轻声地唤他"兰成、兰成。"胡兰成则喊她 "张爱玲"，她不愿，要他喊"爱玲"。他只好无奈地喊"爱玲"。她又惊又喜，下意识地答应："啊？"

就在他们关起门来你侬我侬的时候，外面的时局正发生着翻天覆地的变化，胡兰成在叛国离民的道路上越走越远。一个傍晚，他们依偎在阳台上，天边落日的余光斜斜地抹在上海滩上，夜幕渐渐拉近了，周围腾起朦朦胧胧的雾霭。胡兰成不禁联想到自己的命运，现世安稳是太奢侈的事情，看着微微起伏的上海边界，他说道："将来的平安，来到的时候已经不是我们的了，我们只能就近求得自己的平安。"

张爱玲也感到了胡兰成的伤感，她还并没有察觉到什么，依旧温情脉脉地说："这口燥唇干好像是你对他们说了又说，他们总还不懂，叫我真是心疼你。"

又说道："你这个人嘎，我恨不得将你包起，像个香袋，密密的针线缝了好，放在衣箱藏了好。"

张爱玲真是天真，她对胡兰成一腔柔情，即使他将遭受磨难，她也只是心疼。

胡兰成安慰她说："我必逃得过，唯头两年里要改名换姓，将来与你虽隔了银河亦必定找得见。"

张爱玲说："那时你改名换姓，可叫张牵，又或叫张招，天涯海角有我在牵你招你。"

张爱玲对胡兰成很放心，她以为既相爱，便成永久，无论天涯海角，她都心甘情愿等待，或者追随。她说完，依旧欢喜得转身进屋，给他倒茶。

胡兰成转过身来，看见她端着茶走到阳台边，便迎上去接茶。张爱玲满眼笑意，侧过身来。胡兰成忍不住说道："啊，你这一下姿势真是艳！"

张爱玲说道："你是人家有好处容易得你感激，但难得你满足。"

张爱玲终于说对了一句话，胡兰成的确是难以满足的，但是此时她还并不知道，她只是充满爱意地戏说罢了。她只是感到幸福。

然而，这世间所有的幸福都像是铆足劲儿冲上云霄的烟花，繁华与灿烂，不过是一瞬间的事儿。

第四卷
Chapter.04

倾城之恋，终逃不出宿命

白玫瑰与红玫瑰 >>>

1944年11月，张爱玲和胡兰成结为夫妻刚刚三个月。张爱玲依旧沉浸在爱情的美好里不能自拔，此时的胡兰成或许也是这样。

然而，外面的时局已渐渐明朗，日寇试图占领全中国的“宏伟大志”正逐步瓦解，中日之战的最后结局也日趋分明。胡兰成作为汪伪政府的文人，在上海和南京已经没有立足之地了，他知道自己仕途即将不保，但还是继续在那已经黯淡的羊肠小道上追求他所谓的“仕途”。

11月10日，汪精卫在日本病逝。于是，胡兰成在日本主子池田的斡旋下，离开上海，作别张爱玲，辗转去了武汉，在武汉主持《大楚报》的相关事宜。此时，他依旧梦想着能够掌握实权。

来到武汉后，胡兰成住在汉阳医院，每天与同僚待在一起，没有一点乐趣。很快，生性风流的他，又开始到处拈花惹草。

此时的张爱玲依旧像往日那样守着新婚的爱巢，沉醉在与胡兰成新婚三个月的甜蜜里。她太自信了，她以为胡兰成是真心爱她，断然不会胡来，况且刚刚新婚不到半年，胡兰成就是再花心，与张爱玲的热度还没有褪下去吧。

然而，张爱玲错了，她根本不了解胡兰成，胡兰成所到之处，必定要勾搭上一个女人的。所以，不久，胡兰成就在医院里的护士中间挑了一位——周训德。这一年，周训德才刚刚 17 岁，正是情窦初开、青春貌美的年纪。对于胡兰成的花言巧语和老练的花招，张爱玲这样的大才女尚且如此，周训德更是很容易便被征服了。

两人好上之后，胡兰成亲切地称周训德为小周，两人的感情也日渐升温。当张爱玲还在苦苦守望丈夫归来的时候，胡兰成早已在与小周的温存中将她抛至九霄云外了。

小周相貌平平，但是在医院的护士堆里，也算是比较出众的了，关键是她俏皮可爱、刁钻灵动。未经世事的她成了胡兰成在政治重压下的一处人间圣地。小周不是像张爱玲那样的大才女，她甚至是没有什么知识的人，而这也正成全了她原生态的小女儿情态。对于爱，没有过分的语言修饰。

胡兰成是个很有学问的才子了，但是在张爱玲那里，他却时常要请教她，被张爱玲对文字的领悟能力和驾驭能力所折服，而在小周这里，胡兰成可以大肆炫耀自己的才华和学识了。

有一次，胡兰成要求小周在一张照片后面题字，小周没有张爱玲那样过人的才华，自然写不出“低到尘埃里”那样深刻的、有内涵的话来，她索性就将胡兰成教她的那首隋乐府题了上去：

春江水沉沉，上有双竹林。

竹叶坏水色，郎亦坏人心。

这样的举动在胡兰成这样一个男人看来，自然比张爱玲那“低到尘埃里”更加让人欢喜，他再也不用想用什么词来对偶了。

有一次，美军飞机在武汉上空盘旋，全城灯火全无，城中寂寂无声，小周却跳着说好看，如果是张爱玲，又免不了一阵唏嘘，慨叹乱世浮生，让人也跟着皱起眉头来。因此，胡兰成愈发觉得与小周在一起的好了。

胡兰成曾经说过，张爱玲并不会因为他到处拈花惹草而吃醋，他有很多女朋友，乃至有时携妓出游，她都不放在心上。张爱玲对自己的自信和对胡兰成的信任，让胡兰成更加恣意妄为。

小周知道有张爱玲的存在，也不愿与张爱玲共侍一夫，然而，她不能左右自己的情感，尤其是在胡兰成的召唤下，她索性就这样每天与胡兰成厮混在一起。

胡兰成已近不惑之年，他深深地被小周那样活泼精怪的小女生性格所吸引。小周喜欢与他玩儿捉迷藏，胡兰成明明看见她在廊下，一转眼便已逃到楼上去了，等他气喘吁吁地跑上楼去找的时候却横竖都找不到，回到房间，才发现她已经像没事人一样好端端地坐在那里了。

爱情中应有怜惜。与张爱玲的相遇，即使后来成婚，胡兰成的内心不曾有过怜惜。因为自始至终，他在她面前，并不能达到精神上的强悍与主导，甚至经济上他也不得不依附着她。这些并不是纯粹的爱恋。与周训德，他是放松的，高高在上的，处于主导地位的。旧式男人的大男子主义得以昭显。这样的女人，这样的婚姻才是他习惯的，是他可以控制的。

胡兰成感到这样的游戏很有趣味，甚至写信告诉张爱玲，张爱玲却十分鄙夷，她觉得这种中国式的调情实在是很低级。的确如此，相比较那些雅致的文字游戏，这样的游戏的确是俗气。然而，胡兰成更喜欢这样的俗气，甚至到了迷恋的地步。钱钟书曾经说过："女人有女人特别的聪明，轻盈活泼得跟她的举动一样。比了这种聪明，才学不过是沉淀渣滓。"

一个女人对待一个男人，动心不如动脑。张爱玲有着天才般的头脑，却对胡兰成动了真心，所以，她只有受伤的份。小周却不是这样，她不仅动心，更会动脑。

张爱玲曾经写过一篇中篇小说《红玫瑰与白玫瑰》，说的是每个男人都想有两个女人，一个是他圣洁的妻子，就是白玫瑰，一个是他热烈的情妇，就是红玫瑰。"娶了红玫瑰，久而久之，红的变了墙上的一抹蚊子血，白的还是'床前明月光'；娶了白玫瑰，白的便是衣服上沾的一粒饭黏子，红的却是心口上一颗朱砂痣。"

在胡兰成那里，此时的张爱玲就是他的白玫瑰。胡兰成固然有了张爱玲这样高雅、才学颇高，还是贵族后裔的妻子，但是一纸婚书仍然不能够将他束缚住。新婚不到半年，他就找到了一朵红玫瑰。

1945 年 3 月，与张爱玲分别将近 5 个月的时候，胡兰成回到上海，与张爱玲厮守了一个多月。在此期间，他恬不知耻地将自己与小周的事情告诉了张爱玲。

张爱玲一向都是用理性的眼光看待这个世界，这一次，面对感情，她吃力地动用自己的理性思考，保持着表面上的平静。然而这一点点理性不能一直支持她采取无所谓的态度，她到底是个女人。于是，她仍然相信胡兰成对她的感情，相信那张破败不堪的婚书上那几个耀眼的字组成的承诺。

张爱玲本身是很自信的，她身上毕竟流着贵族的血液，再加上当时在上海无人能与她比肩的才华，她便更加自信了，她觉得胡兰成是不会离开她的。有了这样的自信，她并没有急切地要求胡兰成离开小周，而是郑重地让胡兰成做出选择。

然而，正像她在《红玫瑰与白玫瑰》中写的那样，男人面对自己的白玫瑰和红玫瑰的时候，是难以做出选择的。在女人这个问题上，没有一个男人是不贪心的。他无法做出选择，尤其是像胡兰成这样放荡的才子。

1945 年 5 月初，回到上海的一个月之后，胡兰成再次离开张爱玲，回到了武汉，回到小周的温柔乡里。他完全没有把张爱玲抛给他的选择当回事。

一个在感情中受伤的女子，是没有办法不嫉妒、不伤心、不难过的。在这一点上，张爱玲像大多数普通的女孩子一样，她试图用另一个男人的追求来刺激胡兰成，希望以此换得他回心转意。那是一个外国男子，张爱玲曾经对她弟弟说过，的确有一个外国男子请她跳舞，追求她，她告诉了胡兰成。

胡兰成听说之后，的确有些不快，但很快就释然了。这是一个男人的高明之处，他知道张爱玲对他的真心，这是再明显不过的吃醋。

此后，胡兰成还在《天地》上，以胡览乘为笔名发表《张爱玲与左派》一文，对张爱玲大加赞美。

在爱情里，张爱玲的确糊涂，但也绝对知道嫉妒。面对胡兰成这样的人，嫉妒无济于事，放弃又不舍，矛盾的痛苦一直折磨着她。

胡兰成说："小周，我与她说张爱玲，她听着亦只觉得好的。我问她可嫉妒？她答：'张小姐嫉妒我是应该的，我嫉妒她不应该。'她说的只是这样平正，而且谦逊。"

他又说："我与爱玲说起小周，却说的来不得要领。一夫一妇原是人伦之正，但亦每有好花开出墙外，我不曾想要避嫌，爱玲这样小气，亦糊涂得不知道嫉妒。"

胡兰成用一盏茶的时间，就可以忘记曾许下一生的诺言。

他后来在《今生今世》中说："记得十一二岁的我住在娘舅家，傍晚父亲从三界镇弯过来看我，带有金橘，都分给娘舅家的小孩，唯我无份。我心里稍觉不然，但也晓得要大方。及后跟父亲上楼，他却取一只红艳艳的大福橘，原来是专门为留给我的，这可拿来比喻我待爱玲。”

这就是胡兰成对张爱玲的爱情，张爱玲也或许明白这一点，但是她能忍受这漫长的等待，获得最终的赐予吗？

情到深处人孤独 >>>

胡兰成又走了，张爱玲再不舍，她也终究管不住这个花心的男人。昨日的欢声笑语就像绣在她那怪异的衣服上那些夸张的花，她怎么也甩不掉，即使是伤心，她也无可奈何。

等待是漫长的，没有期限的等待则更加漫长。张爱玲独自站在阳台上，看着街上来来往往的人群，她何尝不感到害怕，她本来就对这喧闹的世界和冷冷的人情充满了惶恐。

1945 年 8 月，中国人期待的这一天，终于就要到来了，张爱玲的期待还远远的，远远的不知在什么地方，或许她的期待更加遥远了。

8 月 14 日，日本天皇广播《停战诏书》，胡兰成知道，唯有潜逃一条路了。

他安排小周：“我不带你走，是不愿你陪我也受苦，此去我要改姓换名，我与你相约，我必志气如平时，你也要当心身体，不可哭坏了。你的笑非常美，要为我保持，到将来再见时，你仍像今天的美目盼兮。我们还会有长长的日子。”并将所有积蓄，所有细软一一归置。临别语不休，才是情殷意切。对于周训德，他的爱似乎源源不断。

至此，胡兰成与周训德的情缘，因抗战的胜利、胡兰成的逃亡而结束。

8 月 15 日，日本天皇宣布无条件投降，中国人民的长期抗战终于取得了胜利。与此同时，“满洲国”“南京国民政府”“华北政务委员会”等傀儡政权纷纷解散，胡兰成作为一名汪伪政府的文化汉奸开始了他的逃亡生活。

在此之前，胡兰成给张爱玲写了一封信，告诉了她自己的行踪，张爱玲深知他的难处，看到来信后非常高兴。9 月的一天，胡兰成从南京回到上海张爱玲处，住了一宿，便仓皇逃难。

这一次，胡兰成逃到了浙江诸暨，他化名张嘉仪，投奔他的同学斯颂德。张爱玲又不知所措地开始了漫长的等待，她或许以为，胡兰成离开了小周，自然就会回心转意了。

然而，胡兰成身边总是少不了女人的，即使是流亡，他也总是想尽办法让自己的生活变得“多姿多彩”。

斯颂德是胡兰成的中学同学，两人关系不错。胡兰成二十几岁的时候在斯家小住过一些时日，斯颂德的母亲对胡兰成就像自家儿女一样，但是胡兰成不顾自己已是有妇之夫，也不顾与斯颂德的朋友之情，对斯颂德的妹妹起了歹意，与其大玩暧昧。斯颂德知道后，非常不满，便与胡兰成翻了脸，把胡兰成撵了出去。

不想日后，胡兰成做了“大官”，斯家人却在战火中萧条下来，胡兰成又成了斯家人的大恩人。如今，胡兰成来避难，斯家没有不收留的道理。

这时，斯家的老爷已经去世，留下一个姨太太，已守寡多年。这就是后来胡兰成的又一个女人范秀美，她看到胡兰成如丧家之犬，便主动请缨，给他找了个落脚点。但是此时的胡兰成待在哪里都不合适，于是，斯家人便想到，把他送到范秀美远在温州的娘家，才会安全。

很快，胡兰成便跟着范秀美踏上了去温州的路，这一路上，胡兰成将自己对付女人的本事发挥到极致。荒山夕阳下，两个人相互扶持，胡兰成对这个半老红颜充满了感激之情，他不禁要“以身相许”了。范秀美本来就守寡多年，对胡兰成早就萌生好感，于是，他们便顺其自然地成了“夫妻”。

胡兰成对夫妻关系太在意了，在意到与他有关系的女人，都要给予夫妻的名誉。这边与张爱玲保持着旧的夫妻关系，那边与范秀美建立了新的夫妻关系。在胡兰成看来，男女之间建立夫妻关系，如同国家与国家之间建立外交关系一样，多多益善。胡兰成的真实目的在哪里？他是这样说的：“我在忧患惊险中，与秀美结为夫妻，不是没有利用之意，要利用人，可见我不老实。但我每利用人，必定弄假成真，一分情还他两分，忠诚与机智合一，要说这是我目的不纯，我亦难辩。”

对待范秀美，胡兰成有意呈现“诚实”的一面，主动把与张爱玲和周训德的事告诉范秀美。胡兰成认为自己这样做是有胸襟的。但范秀美比胡兰成更有胸襟，胡兰成的风流史没有使范秀美厌恶。

胡兰成得意地说“但她不妒忌爱玲与小周，这原是她对人事的现实明达知礼，而亦是她的糊涂可笑。她明知我有爱玲与小周，当时她却竟不考虑，因为她与我只是这样的，不可以是易卜生戏剧里的社会问题，其实亦不可以是禅回答。她这样做，不是委屈迁就，而是横绝一世”。

“秀美与我，好像佛经里说的‘法不二，法不待不比’，竟是不可能想象有爱玲与小周会是干碍。她听我说爱玲与小周的好处，只觉如春风亭园，一株牡丹花开数朵，而不重复或相犯。她是这样一种光明空阔的糊涂。”胡兰成说。

范秀美出身贫寒，家境破败，父亲又是好酒贪杯之人，她少年时就被卖到斯家为妾，为斯家生下一个女儿。如今，她回到娘家，父亲已经去世，唯一的弟弟也被日军飞机炸死，只剩下一个老娘孤苦无依，且双目失明。

范秀美知道胡兰成对她有利用之嫌，却也顾不了那么多了，她甘愿与这个落难的才子厮守。胡兰成似乎是个随遇而安的人，再加上美妇做伴，他就此与范秀美过上了幸福的小日子。

当胡兰成与范秀美在温州相互恩爱的时候，张爱玲依旧在上海苦苦等候。她一边继续创作，一边为胡兰成的逃亡生活担忧。

东风恶，欢情薄，情深也不寿。张爱玲是零落为尘，在爱情里长醉不醒。可眼前之人，芳华依旧，却风云更改。不是遗忘，而是红尘路上山遥水远，他需要太多风景的相伴。

对张爱玲死守的爱，胡兰成只能辜负，误了春花，又负秋月。胡兰成终究改不了随兴山河、挟妓啸游的花心。

张爱玲在对胡兰成的爱里，彻底变成了一个普通的不能再普通的女子了，她等不了了，因为除了文字，没有什么能与她相伴，能给她安慰。她在寂寥漫长的等待中越发担心胡兰成的安危。

“我将只是萎谢了” >>>

1946年2月，时光又回转到了这个花红柳绿的季节，张爱玲离开上海，迎着越来越温暖的春风，踏上了去往温州的列车。她要追随他，追随她的爱情去。

张爱玲的到来，让胡兰成大感意外，他觉得太不应该，张爱玲在他眼里始终是个富家大小姐，她是那么清高，怎么会千里迢迢来找他呢？或许，他是感到真情的可怕。

其实，真情实感的夫妻就该如此，患难相从，千里迢迢只为一聚。胡兰成转而又感到羞愧，以至于恼羞成怒，他全然没有了多情才子的风度，脸色大变，粗声粗气地骂道：“你来做什么，还不快回去！”

张爱玲说：“我从诸暨丽水来，路上想着这里是你走过的。及在船上望得见温州城了，想你就在那里，这温州城就像含有宝珠在放光。”

张爱玲远涉千里到来，情深至此，却没有惊喜，没有感激，她面对的只是冷冰冰的呵斥和三个人的尴尬。因为怕警察查夜，胡兰成把张爱玲安排到公园附近的一家旅馆里。

胡兰成向张爱玲解释，他是因为怕她受到连累才这样做的，张爱玲信了。到此为止，张爱玲和胡兰成结婚已经两年了。这两年里，夫妻聚少离多，张爱玲的到来，胡兰成还是有些感激的，他白天就去旅馆陪张爱玲。

躺在床上，两个人各怀心事，张爱玲还没有从小周的事里缓过神来，如今又来了个范秀美。胡兰成也担心，他不知道怎么向张爱玲解释范秀美的事。

旅馆后面是个小公园，公园里郁郁葱葱，偶尔还传来几声牛叫，也有乌鸦的叫声。

张爱玲不知道该怎么办，但是想到能够与胡兰成在一起，她便不再想其他的事情了，眼睛里又充满了笑意，就像刚结婚的时候那样，在胡兰成的千变万化里她一点都没变。

胡兰成笑着说："我在逃难路上总遇见乌鸦当头叫，但新近看到书上说唐朝的人以乌鸦为吉，主赦。"

张爱玲说："今晨你尚未来，我一人在房里，来了只乌鸦停在窗口，我心里念诵，你只管停着，我是不迷信的，但后来见它飞走了，我又很开心。"她说着，又笑起来。

在温州，张爱玲是以胡兰成妹妹的身份出现的，他解释说是因为自己不把她当外人，所以才这么做的，实际上是为了范秀美的面子，在邻居们面前，他和范秀美一直都以夫妻相称。有一次，张爱玲到胡兰成和范秀美同居的地方去，三人谈到深夜，最后，张爱玲独自回到小旅馆中去。

张爱玲傻得可以，为了当年那一纸承诺，她便不顾一切；为了眼前这个花心的男人，甘愿受尽委屈。她与范秀美相处得不错，胡兰成暗自高兴。

一天早上，在旅馆里，胡兰成倚在床上与张爱玲说话，他突然感觉到腹痛并没有说出来，可是等一会儿，范秀美来了，便对范秀美说自己腹痛。张爱玲能够感觉到，胡兰成是把范秀美当成了真正的亲人，而她却不是。

还有一次，张爱玲在旅馆中给范秀美画像。张爱玲对胡兰成说道："范先生真是生得美，她的脸好像中亚西亚人的脸，是汉民族西来的本色的美。"

范秀美安静地坐着，胡兰成在一边看，张爱玲画她的脸、她的鼻子、画到嘴角的时候，胡兰成正要夸赞张爱玲的神来之笔，张爱玲却突然不画了。

范秀美走后，张爱玲对胡兰成说："我画着画着，只觉她的眉眼神情，她的嘴，越来越像你，心里好不惊动，一阵难受，就再也画不下去了，你还只管问我为何画不下去？"

胡兰成不知道该怎样安慰张爱玲，他或许也没有想到要去安慰她，因为她一向都是一副独立的大人样，殊不知她心里住着一个脆弱的、渴望爱的小女孩。所以，他更多的是惊诧，而不是爱怜。

再有一次，张爱玲和胡兰成在曲折幽静的小巷里游逛，张爱玲忍不住说起小周一事，这是她心里一直过不去的坎儿，张爱玲再一次要求他做出选择。

胡兰成说：“我待你，天上地下，无得比较，若选择，不但你是委屈，亦对不起周小姐。人生迢迢如岁月，但是无嫌猜，按不上取舍的话。而昔人说修边幅，人生烂漫而庄严，实在是连修边幅这样的余事末节，亦一般如天命不可移易。”

胡兰成还是不愿做出选择，他更想兼得。张爱玲明白他的意思，她说道：“你说最好的东西是不可选择的，我完全懂得。但这件事还是要请你选择，说我无理也罢。”

张爱玲此时已经没有信心了，一次次的推脱已经说明了一切，她一向不喜欢诘问别人，但是她还是这样将话抛了出去：“你与我结婚时，婚帖上写现世安稳，你不给我安稳？”

胡兰成搪塞道：“世景荒凉，其实我与小周有没有再见之日都不可知，你不问也罢了。”

张爱玲说：“不，我相信你有这样的本领。”

张爱玲是个对文字极度敏感的人，外界的因素，不管为何都只是借口，如果不是内心的意愿，又怎能奈何得了？他迟迟不肯选择，答案却已了然于心了。张爱玲叹了一口气，她一直都不愿意承认的事实，如今就摆在面前。对于爱情，她是真的没有办法了。

“你是到底不肯。我想过，我倘使不得不离开你，亦不至寻短见，亦不能再爱别人，我将只是萎谢了。”张爱玲痛苦地说道。

这样的男人，爱，是断然不能再爱了，即使是彼此还有情意。恨，亦是恨不起来的，你能拿他怎么样呢？唯有自己一个人苦苦承受。一朵浑身长满刺的玫瑰，在爱情里慢慢磨掉身上的刺，在一阵阵冰霜过后，它仿佛经历了一场刀剑戈戟的伤害，就这样在伤痛中萎谢了，不能再爱了。

张爱玲保持着最后的冷静，她何尝不知道胡兰成与范秀美的关系，她再也无力去问了。

彼时，张爱玲来温州已经半月有余了，她一无所获，没能让胡兰成回心转意。她心里的感觉无法言说，是无奈？是伤心？是痛苦？抑或全有。

该走了，这里终究不是她应该长久待下去的地方。

她没有找回来，没能找回来，那些个携拥夕阳、月夜放歌的日子早已不知去向。

她终于明白，浮生若梦，人心亦不复过往。

转身，就是天涯 >>>

1946 年 3 月，张爱玲已经在温州待了二十天了，胡兰成一直不停地催她回去，她不得不离开。

那天，天气阴冷，空中飘着小雨，张爱玲回想这二十天的经历，她的心情也如天气这般阴冷了。结婚还不到两年，她的现世安稳的梦便已经破灭了。她万万没想到人心之善变竟能至此。

往日的美好，恍如昨日。那场她甚为珍重的倾城之恋，随着这春寒烟雨散了。

斜斜的雨丝不间断地打在她单薄的身上，胡兰成将她送至船上，不等开船，扭头就走。张爱玲面对着他渐行渐远的身影，久久地站在船头饮泣。胭脂泪，留人醉，几时重，自是人生长恨水长东……

这一场冰冷的风雨彻底将他们的爱情摧毁了。那一场“倾城之恋”

就此落幕。后来，张爱玲写信给胡兰成描述那天他走后的情景：“那天船将开时，你回岸上去了，我一人雨中撑伞在船舷边，对着滔滔黄浪，伫立涕泣久之。”

回到上海的张爱玲就像被魔鬼抽去了灵魂一般，这魔鬼就是爱情，那曾经给她带来希望，带来光明的爱情。放手还是不放手？张爱玲宛如在两极间游走。时而勉强原谅，时而耿耿于怀。

那是不得畅快的心境，就像阴冷处那黏糊糊的、不分明的苔藓，而张爱玲则喜欢鲜明刺激的现代风格，苔霉上是阴湿的气息，半生半死的绝望与茫然，她最不能接受这样的状态。

她甚至吃不下东西，每天靠喝西柚汁维持身体需要，这样一来，她原来就单薄的身体更加瘦弱了很多，连她自己都被镜子中那憔悴的面容吓了一跳。在《小团圆》中，张爱玲这样描述她的痛苦：“那痛苦就像火车一样轰隆轰隆一天到晚开着，日夜之间没有一点空隙。一醒过来它就在枕边，是只手表，走了一夜。”

那段日子是煎熬的，张爱玲在这段煎熬的日子里开始写《多少恨》。内容是家庭女教师与身为工厂经理的主人——一个有妇之夫之间缠绵悱恻的爱情。最后，女教师不愿拆散对方的家庭，凄然离去。虞家茵，这个家庭女教师是张爱玲所有小说中最笔下留情的一个主角。眼见两人的关系变得委屈暧昧，宁可从人间蒸发。比起白流苏、娇蕊以及王佳芝，她更接近张爱玲的内心。

即使是在这样的情况下，张爱玲依旧给胡兰成写信，安慰流亡中的曾经的爱人不要记挂自己。张爱玲不再爱了，她已经很累了。她只是要保持感情中的最后一丝风度。

女人是最没有安全感的动物，当她在一段感情中受伤了，她便急于寄托在另一段感情上。

正当张爱玲在胡兰成带给她的伤痛中不能自拔的时候，另外一个男人出现了，他就是当时在上海电影界小有名气的导演桑弧。

1946 年 4 月，温州通缉汉奸的风声渐紧，胡兰成无奈之下只得重返诸暨，斯家伯母知道了胡兰成与范秀美的关系，范秀美此时怀孕了。胡兰成没有办法，只好让她去上海找自己的侄女胡青芸。

范秀美来到上海，看到胡兰成的纸条，胡青芸便明白了范秀美的来意。她将范秀美安排在旅馆，但是做手术还需要一百元手术费，范秀美无奈，只好取出了胡兰成写给张爱玲的纸条。

胡青芸将范秀美带到爱丁顿公寓，张爱玲看到纸条，没有说话，她转身回屋，拿了一只金镯子，递给青芸："当掉吧，给范先生做手术。"张爱玲对胡兰成带给她的伤害已经习以为常了，在这习以为常里麻木了。

温州的风声渐渐过去了的时候，胡兰成担心久住斯家，会遭到斯母的厌烦，便又启程回温州。途经上海的时候，胡兰成再一次来到张爱玲的住处看她。

此时的胡兰成还不知道，眼前的张爱玲再也不是以前那个会为了自己吃醋的痴情女子了，他不曾想到她已经不再爱他。

“风雨如晦，鸡鸣不已。既见君子，云胡不喜。”这是张爱玲极喜欢的诗句，然而这一夜，断然不是他们各自想的那样。

大难之中的短暂相聚，胡兰成对张爱玲没有久别之后的爱怜，他甚至还在絮絮叨叨地指责张爱玲不会待人接物，见到胡青芸都不留人家吃饭。

张爱玲从来就是个生活上的“低能儿”，一向都不善于在人前长袖善舞，她只是因为当初一句“懂得”，便承受了这么多本不该承受的怨怼和指责。胡兰成还在滔滔不绝地说着，又提起张爱玲那次途经斯家时礼数不周的事情。

经过前两次张爱玲有了痴情表现的时候，胡兰成眼里的张爱玲便不再像初识时那样高贵、神秘了，她的“仙女”的光环亦消失不见了。胡兰成发现，她只不过是个普通女子。当张爱玲接起桑弧的电话的时候，胡兰成并没有注意到有什么不同，他依旧问张爱玲有没有看他写的《武汉记》，《武汉记》里满满的都是小周的事情，胡兰成完全不顾张爱玲的感受。

他甚至把小周的照片拿给张爱玲看，张爱玲也只是略扫一眼，便还给胡兰成了。

胡兰成说：“青芸帮你说话哦，那张小姐不是很好吗？”

张爱玲大怒：“难道我要靠人家帮我说话了？”

两个人相爱的时候，缺点也都成了优点，任何事情任何时候，都那么协调；不相爱的时候，怎么做怎么说都是不对劲了。胡兰成以为张爱玲是在吃小周的醋。为了调节气氛，他便开玩笑地打了张爱玲的手背一下。

张爱玲不由得大叫：“啊！”

胡兰成或许还没有察觉到，这一声惊叫，是一道森严的防范，这一声惊叫就是一把锋刃，划开了两人之间的距离。胡兰成终于被张爱玲划到了那些不可不设防的人堆里，她是彻底地关上了为胡兰成开着的那扇心门。

这一晚，两人分室而居。

第二天清晨，胡兰成便要匆匆离去，他来到张爱玲的房间，俯下身子亲吻她，张爱玲从被子里伸出手臂，忽然间，便泪流满面。她轻轻地喊了一声“兰成”，便不再说话了。

张爱玲知道，这是告别的拥抱，是对这个男人的最后一次拥抱，或许，她抱住的不是这个男人，是她两年来风尘仆仆的感情。她就要与这段感情分离了，对这短暂却刻骨铭心的感情，她无不充满了怜惜与疼爱。

然而，再也不能继续下去了。

曾经，胡兰成把他办报的经费，一箱子钱都给了张爱玲。这次分别，既然已经不爱，张爱玲就要将这些算清楚。于是，张爱玲给了胡兰成二两金子。金钱是检验感情的很好标准，既然已经不再爱了，她就断然不会再在他面前继续倔强，收着他的钱了。

这一段爱，在纠缠中，马上就要断裂了。

胡兰成的背离，张爱玲顿觉春水失色，山河换颜；觉得爱是惩罚，是厌倦。所以当她觉知一切无法挽回时，便做了一次倾城的转身。

衣橱里各式各样的旗袍还在，留声机里的老歌还在重复旋转，而人，已经抛掷一切，纵放天涯。轻轻地来过，又淡淡地走了。

爱，直至成伤 >>>

因为“懂得”，张爱玲便爱得死去活来，因为“低到尘埃里”，他便真的不把她当回事，真的让她低到了尘埃里。然而胡兰成错了，一个女人会因为爱改变自己，也会因为不爱回到本质的自己。如今，她不再爱了，又回到了原来那个张爱玲。

胡兰成在张爱玲的在乎和痴情中自信得过了头，他走后，依旧给张爱玲写信，信中像往常那样花言巧语，“我永远爱你”。胡兰成以为这是对张爱玲的最大的安抚，他担心张爱玲会以为自己已经将她抛弃。

张爱玲却不以为然，她将刚拿到的剧本的版税寄给他，这一次，张爱玲与胡兰成做了最后的交割，她再也不会为他的花言巧语心软。

1947 年 5 月，胡兰成在温州的境况有了好转，他凭着一张“好嘴”，赢得了当地一位绅士的欢心，在温州立稳了脚跟。不久，又搭上了当时文化界的大腕儿梁漱溟，他暗自为自己能够东山再起感到欣喜，并写信告诉张爱玲。

正是这封信，引来了张爱玲彻底的决绝。

即使没有胡兰成“十步香草，处处留情”，在逃往温州途中，又与朋友家的姨奶奶范秀美有了婚外恋情，张爱玲也决定撒手了。就如同她笔下那个在收摊后的菜场里撒把骑自行车的小孩一样，对胡兰成撒手了。虽然不够及时，但还不算太迟。

1947 年 6 月 10 日，张爱玲在回信中写道：

我已经不喜欢你了。你是早已不喜欢我了，这次的决心，我是经过一年半的长时间考虑的，彼时唯以小吉故，不欲增加你的困难。你不要来寻我，即或写信来，我亦是不看了的。

至此，张爱玲与胡兰成已经彻底没有了关系。一切众生皆有情，一切众生皆过往。这位明澈的女子，悟得如此醒透。孑然独我，不同流俗。

张爱玲的信还没寄到，胡兰成又写信来了：“像是收到死了的人的信，心里非常难受。”

张爱玲没有再写信。胡兰成不久也收到了那封决绝的信，在《今生今世》中，胡兰成说，看到第一句话，就宛如晴天里的一声霹雳，然而即刻便恢复平静了。他似乎找到了最开始认识张爱玲的那种感觉，她本来就应该是这样一个清高的人。于是，胡兰成后来说：“爱玲是我的，不是我的，也都一样，有她在世上就好。”

胡兰成没有把张爱玲这封信当回事，却也按照张爱玲的意愿，没有给她写信，更没有去打扰她，只是给炎樱写信，请炎樱在张爱玲面前帮他说几句好话。

炎樱没有回信，在《小团圆》中，张爱玲以“比比”的身份表明了炎樱的态度，她说：“这叫我怎么样？”

与胡兰成的爱情让张爱玲感到筋疲力尽，她在胡兰成最安稳的时候与他决绝，也算是仁至义尽了。

从1945年到1947年，这一年半里，张爱玲无时无刻不在经历折磨，她终于对这第一份感情做了了结。

挥泪斩情丝。哪怕有爱，哪怕以后日子孤独难堪。可是贵在光明磊落，一个坚信爱情的女人，最后离场也要像《桃花扇》一般，将淋漓鲜血，描成灼灼桃花。

像流星划过天际，张爱玲与胡兰成，一段金童玉女的故事画上了句号。

当初那岁月静好的爱恋已然成了无尽的伤痛。

往日旧梦，无处可寻。

第五卷 Chapter.05

半生情缘：错过，就是永远的失去

是谁，路过你的倾城时光 >>>

温州之行是一场伤心之旅，张爱玲从温州回到上海后就不再对胡兰成抱有希望了。这时，桑弧的出现给她带来一些安慰。这安慰不仅是创作上的，也是感情上的。

1947 年 2 月，张爱玲回到上海。因为胡兰成的原因，张爱玲也受到牵连，同样被视为文化汉奸，无奈之下只好搁笔。这时，一些圈中友人找到她，劝她写剧本。张爱玲开始很犹豫，经过多次劝说，张爱玲才点头说道：“好，我写。”这一伙人中就有桑弧。1946 年，在柯灵先生的介绍下，他与张爱玲结识。

桑弧，原名李培林，出生于浙江宁波，从小便父母双亡。他从小的愿望是当一名记者，但是哥哥姐姐都希望他能有一份可靠的工作，于是，他结束了在沪江大学新闻系的学业，报考了中国银行。

在此期间，桑弧迷上了戏剧，是周信芳的忠实粉丝，赢得了周信芳的好感。此后，在周信芳的介绍下，顺利地进入了电影行业，由编剧转为导演。

张爱玲与桑弧合作的第一部电影是《不了情》，影片上映后轰动一时。桑弧便趁热打铁，又让张爱玲写了另一部剧本《太太万岁》。同样，这部电影也引起轰动。电影带来的轰动效应，让沉寂的张爱玲再次浮出水面。

此时的胡兰成虽然早已经接到了张爱玲的决绝信，但是他并不以为然，张爱玲是个巨大的光环，正好可以满足他的虚荣心。已经在温州中学任教的他，得知张爱玲的《太太万岁》要在温州上映后，便同全校师生包下一场，前去观看。他还不知道张爱玲已经不把他放在心上了。

除了写电影剧本，张爱玲又陆续发表了一些小说，她为《大家》创刊号创作了《华丽缘》，又把《不了情》的剧本改成了中篇小说《多少恨》，桑弧和友人龚之方等还帮助张爱玲策划出版了《传奇》的增订版。张爱玲还在这本书里写了篇四百字的序言，第一次反驳了因胡兰成而给她招来的不良舆论。

这时，张爱玲刚刚搁浅了与胡兰成的感情，又在文学上取得了新的成就，心情逐渐好了起来。因为先后有这些合作，桑弧经常和龚之方等人去张爱玲家聊天、谈事情。更加让张爱玲一点点从失败的感情中挣脱出来，她渐渐地又开朗起来了，对朋友们都很热情。与人聊天时依旧不喜欢说话，但很喜欢听朋友们高谈阔论，听到好听的故事还会哈哈大笑。

桑弧为人忠厚，性格拘谨，因为谈论剧本，张爱玲与桑弧一编一导，年貌相当，才情匹配，不久即成为小报绯闻的描写对象。有了这股风气，桑弧的一些朋友也开始从中撮合，瞎起哄。

然而，张爱玲和桑弧都各有难处。桑弧性格内向，拘谨得很，和张爱玲只谈公事，绝不会提及什么私事。张爱玲呢？虽然与胡兰成已经分手，可心中的创痛依然没能释怀。二人没有过多的表示，只是维持着单纯的友谊。

但是桑弧爱慕张爱玲，张爱玲也对桑弧有意。就在张爱玲给胡兰成寄去那封决绝信的时候，她还将这封信拿给桑弧看，不愿意让桑弧认为她是因为吃醋才和胡兰成分开。张爱玲对桑弧是有感情的，她这种表白似乎有些幼稚，有些傻气。

多年以后，张爱玲的一部带有自传性质的小说《小团圆》也写到这段往事。在《小团圆》中，燕山（桑弧）笑道："嗳，你到底是好人坏人？"

九莉（张爱玲）笑了起来道："倒像小时候看电影，看见一个人出场，就赶紧问'这是好人坏人？'"

当然她知道他是问她与之雍（胡兰成）之间的关系。他虽然听到了些小道消息，跟她熟了以后，看看又不像。他拥着她坐着，喃喃地说："你像只猫。这只猫很大。"又道："你的脸很有味道。"又笑道："嗳，你到底是好人坏人哪？”

这时，桑弧还不确定眼前的张爱玲是否能够与自己相爱，因为她毕竟做过汉奸的妻子，但是此时的桑弧已经坠入爱河。

桑弧：相爱却不能执手的温暖 >>>

1948年，继《不了情》《太太万岁》大获成功后，桑弧拟将张爱玲的名作《金锁记》改编拍成电影，可是这第三度合作，因为女主角张瑞芳久治不愈的肺结核，以及动荡的时局，最终不了了之。张爱玲和桑弧的合作到此为止，虽然当时上海小报曾经风传二人绯闻，但桑弧以“叔红”为笔名撰文评论《十八春》后，再也没有与张爱玲有任何联系，甚至张爱玲逝世，桑弧也没有写什么悼念和回忆性的文章。

张爱玲的弟弟张子静在《我的姐姐张爱玲》一书中，也写到张爱玲和桑弧的这段往事。

1949年10月，新中国成立后，龚之方作为双方的好友，亲自上门去替桑弧提亲，而张爱玲的反应是略感诧异。她并没有说任何话，只是摇头、摇头、再摇头，意思是叫龚之方不要说下去了，不可能的。

正像很多人想的那样，张爱玲是个“身份特殊”的人，两年前，她才结束了一段刻骨铭心的感情，现在再也不能这么快地接受另一个人了，更不能让自己的身份连累了桑弧。于是，她拒绝了。

很多人都为桑弧和张爱玲的这段没有结果的感情惋惜，他们以为桑弧是最值得张爱玲爱的男人，也是能支撑张爱玲事业的男人。

桑弧是爱张爱玲的，不仅爱，而且很懂她。

1951 年，桑弧结婚了，他娶了一位文化圈外的贤内助。他的妻子戴琪并不是圈内人，而是一位职业女性。于是，明智的张爱玲选择了离开，这不仅救了她自己，也救了桑弧。

在《小团圆》中，张爱玲以盛九莉的身份回忆这段往事：

有一天燕山（桑弧）来到盛九莉（张爱玲）的住处，他有些心神不宁，绕着圈子踱来踱去。

盛九莉笑着说：“预备什么时候结婚？”

燕山也笑了笑，说“已经结婚了”。

盛九莉立刻觉得像是有一条河隔在他们中间，缓缓地流淌着，燕山的脸色也突然变了，他也感觉到了那河水。

至此，张爱玲和桑弧的感情永远画上了句号。

但是即便如此，桑弧也是张爱玲一生中那一抹温暖的曙光。

张爱玲在香港的时候，每每好友宋淇问起，她只说：“你不要提，你不要提。”而几十年来，桑弧对张爱玲亦是讳莫如深……1995 年，桑弧撰写长篇回忆文章《回顾我的从影道路》，虽然避不开张爱玲三个字，却也着墨很少……

2004年9月1日，桑弧逝世。

相爱，不能执手到老，这是怎样的一种痛！

两个正确的人在错误的时间相识，没有结果是必然的了。

胡兰成，无法愈合的硬伤 >>>

1949 年 5 月 27 日，上海解放了。那些生活在最底层的小市民此时或许还不知道，这个全国最大最繁华的城市将会发生怎样的变化，只有十里洋场那名流云集的华丽的酒店前站满了仓皇出逃的国民党官员。

是福？是祸？不知道！谁都不知道。5 月的天空似有一层黑压压的雾霭，这雾霭笼罩下的尽是些惶恐与不安，东方正冉冉升起一股强光，新时代的气息就在这光里轰隆隆地扑面而来。

等待！只有等待！每个人都在等待，包括张爱玲。时代的变化如此之大。

胡兰成则更加慌乱，他仍旧在新时代的冲击中苟延残喘着，温州解放后，他便被学校罢免了。1950 年 3 月，接梁漱溟信，动身去北京，途经上海，去看望张爱玲，张已搬走，物是人非。

温州一别，胡兰成当初的无情已经完全将这段感情断送了。此时的张爱玲已经搬走了。他或许还奢望能够暂避张爱玲处，还奢望得到她的支助。

胡兰成终于在中国待不下去了，祖国已经毫无他的立足之地。1951 年 3 月 15 日，胡兰成迁到了日本东京，作为民族的叛徒，他没有丝毫悔意，没有感到一丁点儿的耻辱，再次投向旧主的怀抱，成了中国人民永远的罪人。

张爱玲或许不知道胡兰成已经走了，她只是继续携着她的文字安静地生活着，与外界欢天喜地庆祝新中国的到来格格不入。她一向都与政治无关。

然而，政治却与她息息相关。自从她嫁给胡兰成的那一天起，她就与政治必须有点关系，即使是如今离婚了，也不能够逃脱。张爱玲何尝不明白这一点。

她不知道该怎么办，但是她想，自己只是一个文人，靠写文生活的普普通通的人，于是，她又感到坦荡了一些，继续与姑姑生活在一起。

有时候，张爱玲还和姑姑一起去看电影，与几个文友传阅一本书。她觉得自己又回到了以前，她期望在这样宽松自如的环境中生活着，她毕竟是喜欢这里的。张爱玲安静地站在一边打量着这个新奇的、一天天变化着的世界，想着如何将这一切形诸笔墨。

然而不仅是外界看得见的东西在变化着，生活中一些看不见的东西也正悄悄地变化着。在文化圈里，那些因政治而狂热的左翼作家就拿起笔描写民生疾苦。张爱玲做不来这些，她对政治丝毫不感兴趣，她只会用清醒和冷静的眼光看待这一切，并记录真实的东西。

所以，她与时代冲击下的一些文人也有些格格不入了。1948 年，《太太万岁》刚上映的时候，她就遭到了一些左翼作家的猛烈抨击。

在《论写作》中，张爱玲说道："现在知识分子谈意识形态，如同某一时期士大夫谈禅一般，不一定懂，可是人人都会说，说得多，而且精彩。"

写？不写？写什么？张爱玲就在这样的时代里纠结着。有一位朋友问她："无产阶级的故事你会写吗？"

"不会。要么只有阿妈她们的事，我稍微知道一点。"张爱玲想了好一会儿才说道。

后来张爱玲多方打听才知道，这些旧家庭中的佣人们并不算是无产阶级，她也就不打算写了。实际上，张爱玲对这一类的政治名词是比较模糊的。这般格格不入，再加上与胡兰成的关系，张爱玲一时间成了上海文化圈风口浪尖上的人了。

"出名要趁早呀！"这是张爱玲曾经面对辉煌，发出的最快乐的声音，然而，一转眼，这辉煌便面目全非，她或许已经感觉到苍凉正弥散而来。

新中国成立后，张爱玲只发表过一部小说《十八春》，是用"梁京"这个笔名发表的，这也是她一生中唯一用过的笔名。这部小说于 1950

年3月25日至1951年2月11日在《亦报》上连载，后来被改名为《半生缘》。

文章刊登后，牵动了很多读者的心。当张爱玲连载到女主角顾曼桢被自己的姐夫奸污后，一位胖太太终于忍不住了，把报纸愤然摔到桌子上，大叫："气死我了，气死我了。"还声称要找梁京，"扇她两个耳光子"。还有一位女孩，看了连载的《十八春》，从报社打听到张爱玲的住址——长江公寓，便倚在她门前痛哭，说自己就是顾曼桢，想见见张爱玲。张爱玲吓坏了，她不知道自己的作品，竟然有这么大的反响。后来，姑姑出面，才将年轻女孩劝了回去。

文艺圈的前辈，当时主管上海文化工作的夏衍先生看到这篇文章后，感觉颇像张爱玲的文风，便问这个"梁京"是否就是张爱玲，果不其然，正是张爱玲。

在此之前，《亦报》的主编唐大郎也曾对张爱玲说："你写这么好的小说，别说读者们不放松你不写下去，就是《亦报》同仁，也不放松你不发这个稿子呀！"

张爱玲的《十八春》在《亦报》上刚连载完，就有读者来信问道："梁京先生有没有新作继续在《亦报》上刊载？"唐大郎先生也第一时间去张爱玲家去，等着她的下一部稿子。

"写还是要写的，就是写得太慢，要等《十八春》杀青后，再构思下一篇小说的内容。"张爱玲经历了一些事情后，也逐渐变得沉静一些了，她慢悠悠地说道。

1950 年 7 月，上海市第一届文学艺术界代表大会，夏衍先生不顾外界对张爱玲的评价和争论，给张爱玲送去了请帖。

张爱玲也很惊诧，是谁敢在这时候邀请她呢？这是张爱玲第一次参加共产党组织的大会，大会在上海的一家大电影院举行，主持人就是在上海文艺界工作的资深领导人夏衍先生。

那天，在场的所有文人都穿着与时代相称的列宁装、人民装，只有张爱玲是穿着紧身旗袍，外罩一件网眼的白绒线小披肩，还是旧上海最普通的市民小姐的装束，在一排排灰黑蓝中间显得格外刺眼。张爱玲坐在最后一排，她不发言，只是来听听，但是她还是震惊于那些激情澎湃的人们。

这次大会过后，张爱玲切实感受到了时代气氛的变化，她想主动做出一些改变，来迎合这个新时代，通过亲身实践来体会生活，寻找写作素材。

因此，张爱玲在文代会结束后，便听从夏衍先生的安排，随上海文艺代表团下乡到苏北农村参加土地改革。

那天，张爱玲将那华丽的旗袍和时尚的大袄锁在衣柜里，她要尝试着去适应新时代的生活，便换上了一件深蓝色的衣衫。那时实行的是配给制，吃配给粮，穿配给衣。张爱玲得到一块湖蓝色的布料和一段雪青的洋纱。

张爱玲一向爱美，拿到布料后，便别出心裁地做了一件喇叭袖唐装单衫和一条裤子，她穿好之后，便去排班登记户口去了。

街边上一派新时代的样子，初秋的空气里有些麦香的气味，远远地飘来。在一张黄漆的小书桌旁，一个穿着草黄色制服的大汉正伏在桌子上写字。张爱玲想，他大概就是老八路吧，轮到张爱玲的时候，那人抬起头来问道："认识字吗？"

"认识。"张爱玲笑着回答道，她只觉得新鲜，那个大汉把她当作农妇了，突然没有了知识分子的包袱，她觉得自己亲切起来。

张爱玲对于农村生活是陌生的，这次人生经历的确扩展了她的生活圈，了解了一些以前自己不曾涉足，不曾了解的生活。她尝试着站在这些生活疾苦的人们的立场上，再联系自己的生活经历，着手写了一篇《小艾》，于 1951 年 11 月 4 日至 1952 年 1 月 24 日在《亦报》上连载。

夏衍觉得张爱玲能把上海市民的心态描写得这么淋漓尽致十分难得，可是张爱玲的身份在当时已经引起了很多人的不满。

1952 年，张爱玲越来越成为上海文化圈里容不下的人了，出于爱才之心，夏衍觉得应该保护她，他把自己的想法告诉了陈毅。经过不懈努力，最后得到同意，陈毅在报告上签了字，然后才把张爱玲放了出去。

张爱玲要离开上海了，临行前，她生怕自己会连累了姑姑，便与姑姑约好，彼此互不通信，姑姑将珍藏多年的家族相册交给了她。此后多年，这本相册陪伴着张爱玲去香港、去美国，陪伴了她多年，这本相册也成了她唯一的与祖国亲人的血脉联系。

胡兰成在日本或许并不知道，他的存在，给这个无辜的简单的女人带来多么大的麻烦。张爱玲爱错了一个人，便搭上了自己的一生。

至此，张爱玲便离开了上海，离开了这个她曾经放飞梦想、实现梦想的地方。

离开上海，将伤痛隐藏 >>>

1952 年 7 月，张爱玲以继续因战事而中断的学业为理由登上了去往香港的客轮。上海已经不是她能够继续待下去的地方了，台湾更不是理想的去处。唯有香港，对于那些牵挂故土又不能待在祖国的人们来说，是最好的归宿了。张爱玲终于还是无奈地站在了这一堆人中间。

临行前，要检查行李，张爱玲身上唯一的金饰是她在五六岁时就戴在身上的一副包金的小银镯，那位检查行李的青年干部好像是新来的，他用小刀刮金属雕刻的光滑的背面。从前的金，包得特别厚，刮来刮去还是一层金，不是银。那青年干部看了看张爱玲，又刮了一会儿才露出一小块白色。他看出了张爱玲的心疼，便不再刮下去了，说道：“这位同志的脸相很诚实，她说是包金就是包金。”

那天，张爱玲穿着一件素净的旗袍，登上了远去的客轮。

“你想，将来到底是不是要有一个理想的国家呢？”张爱玲想起多年前和苏青共事的时候，苏青曾这样问过她。

“我想是有的。可是最快也要许多年。即使我们看得见的话，也享受不到了，是下一代的世界了。”张爱玲说道。

“那有什么好呢？到那时候已经老了。在太平的世界里，我们变得寄人篱下了吗？”苏青叹了一口气说道。

站在船头上，张爱玲感到一切都恍如隔世。和苏青的对话再一次在耳边响起，她深深体会到一些什么。韶华易逝，青春和梦想已经变得很模糊很模糊了。

滔滔海水从船底漾出一圈圈花来，张爱玲想起十几年前，第一次去往香港的情形。物是人非是最温柔的残忍，它揪着你的心，你却无所适从。

香港，再一次凄美地路过 >>>

香港的码头，繁荣依旧，张爱玲再一次站在这里，看着熙熙攘攘的人群，她只觉得既陌生又熟悉，心中百感交集。

这一次来到香港，没有了美丽的校园，没有了梦想，她眼下最主要的问题是今后如何生活下去。

于是，来不及停留，即使是她去了香港大学报到，也要首先解决住在哪儿的问题。

是的，她有一大摊子事要处理，吃住的一些生活琐事就够她忙的了，况且她还不是个擅长打理自己生活的人。

无奈之下，张爱玲只好住进了女青年会，她想自己是以继续因战事而中止的学业来到香港的，况且还有港大奖学金的支持，张爱玲便真的去了香港大学登记，继续读书。

然而，读了不到一个星期，问题便出来了，她终究是不再适合做学生的人了。这时，她已经 36 岁了，有了丰富的生活阅历，再也不是那个单纯的小女孩了。再者，她是上海红极一时的女作家，难道要坐在教室里听语文教师教授文学？

于是，张爱玲便辍学了，开始了那并不轻松的生活。

首先还是住的问题，这时的香港，随着大陆的解放，涌入了大批难民，社会问题日益严重起来，张爱玲很快发现女青年会不太安全。

一天，张爱玲在惊慌之中搬了家，住进了一间小房子。这间小房子里几乎什么都没有，连书桌都是奢侈的物品，张爱玲只能在床边的一张小柜上写作。

她并不打算添置东西，连书都不买，需要的书，去借借就可以了，张爱玲说："一添置了这些东西，就仿佛生了根。"

是的，人生茫茫无际，每个人都是过客，张爱玲只是香港这间小房子里的一个过客而已。她想得更多是写作，当初她从香港回到上海，就是靠着一支笔，养活了自己，风光了自己。今天，她又感到穷途末路了，所以，她又只剩下一支笔了。

然而，此一时彼一时。香港不同于上海，上海是她从小就生活的城市，她的文字更适合生活在上海的读者，在香港，似乎完全没有张爱玲文字的地位。

于是，为了生活，张爱玲只能想方设法谋生。但是写作也一下子不能支撑她的生活，她又多方打听，辗转去了一趟日本，可毫无收获，她只能又狼狈地回到了香港。

回到香港后，张爱玲走投无路，四处找工作。就在这时，她遇到了一生的挚友：宋淇、邝文美夫妇。

当时，香港的美国新闻处为了宣扬“美元文化”，正在大量地招兵买马，列了四五十位作家为其服务，张爱玲便被列入其中，而宋淇、邝文美夫妇正是美国新闻处的员工。

不久，香港的美国新闻处就接到华盛顿新闻总部的来电，通知取得海明威《老人与海》中文版权，美国新闻处遂登报公开征求翻译人选，应征的人不计其数，最后的名单上赫然写着张爱玲的名字。

邝文美作为美国新闻处的行政助理，约她来谈话，她对张爱玲印象深刻，她认为张爱玲的英文有英国腔，说得很慢、很得体，所以就决定交由她翻译。

自此，张爱玲便开始在美国新闻处做翻译，除了翻译，便是写她早已酝酿的小说《秧歌》。

张爱玲从来没有做过正式的工作，每天上下班的生活对她来说苦不堪言，但是为了生活，她只能硬着头皮做下去。在工作上，也没有主动性，她只是按照领导的指示，人家要求她翻译什么，她就翻译什么，不管喜不喜欢。这一时期，张爱玲翻译了海明威的《老人与海》、爱默生选集、华盛顿·欧文的《睡谷故事》。

张爱玲这样埋头苦干只是为了能够生活下去，她曾经说：“我逼着自己译爱默生，实在没办法。即使是关于牙医的书，我也会照样硬着头皮去做的。”

张爱玲终于在香港能够生活下去了，她依旧不喜欢与人相处，更是很少参加一些社交活动。可是，有一次，不知道出于什么原因，她去参加了一次平时不喜欢参加的聚会，宋淇和邝文美夫妇也在。

在日常工作中，张爱玲与宋淇只是普通的同事关系，并没有过深的交往，这一次，他看到张爱玲也在场，很是惊奇，便叫来妻子，三人闲谈起来。从此，张爱玲就与宋淇夫妇结下了毕生的友谊。

交到了两位好朋友，工作也逐渐稳定，张爱玲感到生活稍微平稳了些，她在翻译的同时，一直都没有停止写作。

之后，在好友宋淇力捧下，张爱玲成为电懋电影公司的主力编剧之一。由此，编剧收入也成为张爱玲日后八年的主要经济来源。

但是每天固定的工作内容，听从安排的工作要求终究不是张爱玲想要的生活，她偶然得知，美国在 1953 年颁发了难民法令，她可以移民去美国生活。

张爱玲一有了这个念头，就赶紧联系能够帮助她的好友炎樱。在一些朋友的帮助下，两年之后，也就是 1955 年，张爱玲便启程了，离开了这个暂时的避难之所。

一叶孤舟，漂向美国 >>>

1955 年，张爱玲离开故土已经有三年了。这一次，她要去更远的地方——美国。

那是一个深秋的黄昏，夕阳隐退于海面上，远处的浪一层一层地奔过来，像变化多端的女巫一样恐吓着张爱玲这颗已经千疮百孔的心。

张爱玲强忍着泪水，深黑色的长丝巾不禁为之所动，在秋风中跳起凌乱的不知所措的舞来。“浔阳江头夜送客，枫叶荻花秋瑟瑟”，宋淇夫妇前来为张爱玲送行。

“再见！珍重！”他们互道一声。张爱玲再三嘱咐宋淇夫妇：“一有空就写信来……”

船到日本海的时候，张爱玲提笔给宋淇夫妇写了一封信，这封信长达六页。张爱玲在信中回忆那天离别后的情景：别后我一路哭回房中，和上次离开香港的快乐刚巧相反，现在写到这里也还是眼泪汪汪起来。”

这一次是真正离开祖国了，以难民的身份离开，前途未卜，张爱玲更加感到无助。她或许还奢望有一天能够回到祖国，回到亲友身边。然而，此一去，故国千里，是再无归期了。此时，在美国的炎樱算是她最大的安慰，不至于来到陌生的异国他乡，没有一个熟悉的面孔。

船是在美国旧金山码头靠岸的，张爱玲依旧穿着临走时那件深黑色的旗袍。一通过审查，她就再次乘船驶向旧金山的50号码头，再辗转去纽约，炎樱已经在那儿等她了。

纽约是美国最大的城市，它也是整个美国的缩影，有拔地而起的摩天大楼、繁荣的港口、干净而宽阔的街道等。可是，张爱玲觉得，这一切都跟她没有关系。她说：“这一切都是别人的，与我无关。”

到美国后，张爱玲一时无处栖身，在炎樱的介绍下，她才住进了纽约救世军办的职业女子宿舍。救世军是救济贫民的，收容的人中有许多是酗酒者，这里还有一个管事的老姑娘，人们都叫她“中尉少校”。张爱玲以难民身份来到美国，当时的处境也确与一般难民无异。

初到异国，就遭逢一个寒夜，但是有炎樱的陪伴，张爱玲稍觉安慰，“他乡遇故知”本来就是人生的一大幸事。她们好像又回到了在香港上大学时的那段时光，一起去逛街、吃东西……

炎樱是个适应力很强的人，不论走到哪儿，她都能很快融入当地的生活，在日本是这样，在美国依旧如此。张爱玲也被动地融入到这新的生活中来了，但是她一直惦念着一件事，那就是看望胡适先生。

他乡遇故知——温厚长者胡适 >>>

1954年10月25日，张爱玲的《秧歌》出版后，她就寄给胡适先生一本，还写信请教。1955年1月23日，胡适写日记的时候，将这封信粘在他的日记前：

适之先生：

请原谅我这样冒昧的写信来。很久以前我读到您写的《醒世姻缘传》与《海上花》的考证，印象非常深，后来找了这两部小说来看，这些年来，前后不知看了多少遍，自己以为得到不少益处。我希望您肯看一遍《秧歌》。假使您认为稍稍有一点接近"平淡而近自然"的境界，那我就太高兴了。这本书我还写了一个英文本，由Scribuers出版，大概还有几个月，等印出了我再寄来请您指正。

几个月之后，张爱玲便收到了胡适先生的来信，信中对张爱玲的《秧歌》给予了高度评价：

……你这本《秧歌》，我仔细看了两遍，我很高兴看见这本很有文学价值的作品。你自己说的“有一点接近平淡而自然的境界”，我认为你在这个方面已经做到了很成功的地步！

……

其实，张爱玲对胡适并不陌生，之所以要写信给胡适先生，是因为她从小就读过胡适先生的作品，而《醒世姻缘传》和《海上花列传》这两本书对她日后的写作颇有益处。

张爱玲小的时候，张廷众就买过一本《胡适文存》，不久又买了一本韩子云的《海上花列传》。上中学的时候，张爱玲就曾坐在父亲的书桌前看了《胡适文存》，后来又“破例要了四块钱”买了多卷本的《醒世姻缘传》，与弟弟一起看。

在香港上大学的时候，赶上太平洋战争爆发，张爱玲无奈，听从学校的安排做过防空员，驻扎在冯平山图书馆，当她发现图书馆里有一部《醒世姻缘传》的时候，便立刻又痴迷地读了起来。房顶上装着高射炮，成为轰炸目标，一颗颗炸弹轰然落下来，越落越近，张爱玲却只想着“至少等我看完了吧”。

1955 年 11 月上旬的一天，张爱玲和炎樱一同去看望胡适。

初冬，午后的阳光迷迷蒙蒙的，让人感觉有些恍惚。这条街上是一排白色水泥方块的房子，门洞里是楼梯，张爱玲想起了在香港，多半也是这种样式的房子。

她们上了楼，胡适先生已出来迎接了，房间里陈列的摆设都是中国式的，张爱玲只觉得一股亲切之感迎面而来。胡适穿着一件灰色的长袍，像一位从中国历史中飘飘忽忽走来的隐士，站在雕花的窗前。张爱玲又觉得他纯粹就是一个儒雅谦和的中国文人，完全没有被西方洋文化浸染的痕迹。

胡适的夫人江冬秀很快走进来，手中端着新沏的绿茶，张爱玲轻轻接过，捧着那精致细腻的小青瓷杯静静地坐在一边。炎樱则很快就与胡适夫妇熟络起来，几个人说笑着，没有丝毫的陌生感。

张爱玲不善言辞，手里依旧端着热气腾腾的茶，轻声念出茶杯上那行小字："寒夜客来茶当酒！"张爱玲还是不敢相信，胡适在她的印象中一直都是高高大大的人物，他的文学造诣在彼时举足轻重，在她心里更是如同神明一般，而眼前的这位先生却是如此和蔼、温厚。

绿茶幽香幽香的，从那柔滑的小茶杯里源源不断地散发出来，张爱玲多么喜欢这味道。

早在上海的时候，张爱玲的母亲黄逸梵和姑姑张茂渊就曾与胡适在一个桌上打过牌。抗战胜利后，报纸上登着胡适回国的照片。那照片上，胡适笑容满面，像个猫脸小孩，打着个大圆点的蝴蝶式领结，张茂渊看着笑了起来说："胡适之这样年轻！"

有了这些了解，胡适和张爱玲更加亲近起来。那天之后，胡适还专门在日记中记道：

1955年11月10日

……始知她是丰润张幼樵的孙女。

张幼樵（佩纶）在光绪七年（1881）作书介绍先父（胡传，字铁花）去见吴愙斋（大）。此是先父后来事功的开始。

幼樵贬谪时，日记中曾记先父远道寄函并寄银二百两。幼樵似甚感动，故日记特书此事。（《涧于日记》有石印本）。

幼樵遗集中竟收此介绍一个老秀才的信——我曾见之——可见他在当时亦不是轻易写此信也。

《涧于全集》刻在一九二四，二十卷。

自此，胡适对张爱玲由爱才而又平添了一份世交的相近。

这次拜访之后，炎樱专门打听了一下胡适，对张爱玲说道："你那位胡博士不大有人知道，没有林语堂出名。"

张爱玲听后感到很不高兴，没想到胡适先生在中国产生的影响那么大，在美国，知道他的人竟然这么少，而林语堂在这英语世界里居然这么出名。但是，这并不影响张爱玲对胡适的敬仰之情。

张爱玲想着要再去拜访胡适一次，她感到上次的谈话并不尽兴。

那是一个醉人的黄昏，阳光懒懒地洒在那栋白色的公寓上，张爱玲独自来到胡适家。

胡适正在书房里写着什么，书页上的墨迹还发着油亮油亮的光，并没有完全干的样子。

书房的四壁都放了大的书架，和屋顶一般高，书架上搁着一叠叠文件夹，书却不多，书架静静地伫立着，那厚重的文化的力量像是威严的武士，让人心生敬畏。

胡适坐在书桌前一张竹编的藤椅上，落日的余晖从窗格子里偷偷地照了进来，停在胡适先生的脸上，显得更加沧桑起来了，又在沧桑中泛起一圈圈柔和的光晕，张爱玲还是觉得室内的光线不够通亮。

他们相对而坐，漫无目的地谈论着，谈着谈着便谈到了祖国大陆，一谈到政治，张爱玲就无言以对了，她始终都是身在政治之外的人。胡适似乎也感觉到了这一点，他很快便又将话题转移到文学和书上了："你要看书可以到哥伦比亚图书馆去，那儿书多。"

张爱玲笑了笑，解释道："我虽然经常到市立图书馆去借书，还没有到大图书馆查书的习惯，更不必说观光。"

"胡先生，您现在在忙什么呢？"张爱玲问道。

"我正给《外交》杂志写篇文章，他们这里都要改过之后才能发表出来。"

……

通过这一次谈话，张爱玲觉得她和胡适有一种"同是天涯沦落人"的感觉。而胡适作为一代文化名人，也觉得像张爱玲这样的晚辈是很难得的，她有着深厚的古典文学功力，更有着极高的文学领悟力。

1955年11月24日是西方的传统节日感恩节，张爱玲第一次在美国过西方的节日，她应炎樱的邀请到朋友家吃了烤鸡。从朋友家出来，天已经黑了。

张爱玲沿着干净的街道走回去，夜幕下，路旁橱窗里的光线都透着一股寒气，张爱玲不由得想起了上海，想起霞飞路上那一间间同样在霓虹灯下伫立的商铺，想起了家，姑姑的家……回去后，张爱玲便把刚才在朋友家吃的东西都吐了出来。此后多年，每每遇风寒感冒，她都会出现呕吐的症状。

张爱玲刚一吐完，胡适打来了电话，邀请他一起去吃中国馆子。张爱玲不得不婉言拒绝，但心里却感到一阵欣慰和感动。

后来，胡适又去女子宿舍看过她一次。那天，张爱玲在女子宿舍的一间黑漆漆的大礼堂里接待了胡适。虽然张爱玲觉得在这样的环境中接待自己敬仰的人，有些尴尬，但是胡适却不以为然，一老一少，还是照常谈论文学旧事。

没想到这一次相见，竟成了永别。

1962年，胡适在台北的一次宴会上讲演后便突然离世。消息传来时，张爱玲正在为她的第二任丈夫赖雅的病情忙得焦头烂额。

她再次翻阅了胡适先生给她写过的那封信，看到了他对《秧歌》的评价，只觉得一阵恍惚，如梦一般。

第六卷
Chapter.06

爱，如果有来生

彼得堡：意外的写作圣地 >>>

1956年2月，这是张爱玲来美国的第四个月了，她将《秧歌》译成英文后，由司克利卜纳出版公司出版，销路一直不是很好，又没有什么新作品问世，她的经济陷入了困境。

这对于一个职业作家来说，无疑是最大的窘迫了。于是，经过反复思考，张爱玲决定将《金锁记》的故事拓展，写成她的第二部英文小说，名字就暂定为《粉红的眼泪》。

就在此时，张爱玲听说，在美国，有一些基金会可以为文艺家提供短期免费食宿以及创作的场所，新罕布什尔州彼得堡就有一家“麦克道威尔文艺营”。对于张爱玲来说，这是个相当理想的去处。于是，她在出版社的介绍下，向该文艺营审批委员会提出了为期三个月的申请。

1956年2月13日，张爱玲在那间简陋的女子宿舍里写下了一封申请：

亲爱的先生，夫人：

我是一个来自香港的作家，根据一九五三年颁发的难民法令，移民来此。我在去年十月份来到这个国家。除了写作所得之外，我别无其他收入来源。目前的经济压力逼使我向文艺营请免栖身，俾能让我完成已经动手在写的小说。我不揣冒昧，要求从三月十三日到六月三十日期间允许我居住在文艺营，希望在冬季结束的五月十五日之后能继续留在贵营。

张爱玲敬启

张爱玲有着何等清高的灵魂，如今却不得不为了生计向现实低头。

3月2日，“麦克道威尔文艺营”审批委员会回复了张爱玲，同意了她的申请。麦克道威尔文艺营是由著名作曲家爱德华·麦克道尔的遗孀——马琳·麦克道威尔夫人在1907年创建的，目的是为那些有才华的艺术家摆脱世俗生活的干扰，在文艺营提供的安静的环境下进行创作。

接到回复不久，张爱玲便离开了纽约。

彼得堡的3月还有一些冬天的痕迹，大雪过后更是有些沁人心骨的寒冷袭上心头。张爱玲坐在计程车里，前方的路，未为可知，但是不能停下追求的脚步。车窗外，黑漆漆的，像是在一片混沌之中，衣衫单薄的张爱玲更加觉得冷飕飕的。

计程车继续前行着，似乎正努力地要给张爱玲一些安慰。越临越近了，张爱玲终于看到了一些灯光在不远处闪烁着，有一些高高低低的小房子在眼底微微地起伏，看着那些温暖而神秘的灯光，张爱玲感到一种莫名的温暖开始在心头荡漾。

更近了，张爱玲能够清楚地看到那座灯火通明的大厅了，她下了车，长时间的舟车劳顿，让她有些站不稳。

走进大厅的路上，残雪未消。一脚踏上去，脚下便咯吱咯吱地响，像是孤独的、别扭的欢迎。路旁耸立着两排参天大树，像极了阅尽沧桑的老人，和蔼地看着这个晚归的孩子。

张爱玲走了太久，经历了太多的寒冷，眼前这灯光便是最温暖的安慰，有了灯光，有了温暖，就感觉像是到了家。她提着行李，裹了裹身上单薄的衣服，向前走去，一阵阵暖意抑制不住地涌上心头。

此时，她还并不知道，就是在这里，她真的感受到了温暖。那温暖不单是简单的灯光，还是爱情，来自爱情的温暖。

命运的可爱之处，正是它那些巧妙的安排。在张爱玲到达这里之前，就有另外一位美国老作家也悄然来到这里，他的名字叫甫德·赖雅。

麦克道威尔文艺营处于新罕布什尔群山之中，这里环境优雅，景色宜人。文艺营是一个庞大的建筑群，由 40 多所房舍构成，其中包括 28 所大小不一、彼此分开的艺术家工作室，还包括十几所宿舍、一座图书馆，除此之外，还有一间做大型社交中心和管理用的文艺营大厅。

张爱玲顺利地住进了那些温暖的小房子里，还有了自己的工作室。文艺营的日常生活安排非常有规律，而且完全是站在艺术家的立场上设置的。早上，所有住在这里的艺术家会集中在一起共进早餐，吃完之后，便回到各自的工作室进行创作；到了中午的时候，文艺营的工作人员会将午餐放在工作室的入口处，让他们随便享用；下午四点后，就是艺术家们的聚会娱乐时间了，他们来到文艺营大厅，喝酒、交谈，晚餐同样会在文艺大厅里享用。

在这样平静而有规律的生活环境中，张爱玲感到前所未有的舒心，人生中的惬意莫过于此了。麦克道威尔文艺营给张爱玲带来的不仅是一个简单的安静的栖身之所，更是最佳的写作环境。她决定抓紧时间，好好珍惜这个机会，创作出自己满意的作品来。

于是，张爱玲开始动笔写《金锁记》的展开本，暂定为*Pink Tears*（《粉红的眼泪》）。她把所有的经历都投入到创作中去了，一向孤僻的她依旧不喜欢与人打交道，很少参加每天傍晚的聚会。她更加喜欢坐在宿舍的阳台上眺望远山苍黛，享受这世外桃源般的感觉，或者是到大片的草坪上散步。

张爱玲常常是夜间写作，午时才懒懒地起床。夜晚是最佳的写作时间，她喜欢对着窗外如盘的圆月，文思泉涌，想起多年前在《金锁记》里写道“年轻的人想着三十年前的月亮该是铜钱大的一个红黄的湿晕，像朵云轩信笺上落了一滴泪珠，陈旧而迷糊”。又想起了多年前的上海，多年前那明晃晃的月亮……

3月13日晚上，命运安排她在这一天，她便在这一天，鼓起勇气走进了那间聚会的大厅。虽然到处的觥筹交错、到处的欢声笑语，但那一张张完全陌生的面孔，却令她感到无比孤独。她随便拿了一本杂志，坐在角落里的一张沙发上看了起来。就在这时，一位举止文雅的老者走进了张爱玲的视线。

此时，这位老者，赖雅先生正举杯畅饮，与其他艺术家谈笑风生。他早已注意到不远处这个显得有些无聊的女人，张爱玲身上不同寻常的东方风韵已经深深吸引了他。

“嗨！小姐，你好！”赖雅笑着向张爱玲走来，一边还举起手里的高脚杯微微示意。

“我以前好像没有见过你！”赖雅继续说道。

“你好！我从中国来！”张爱玲显得非常有礼貌，她也微微一笑，站起来回应道。

相遇，总归是很美好的词语，足以让人能够铭记一生。四目相对，张爱玲心中涌起一阵莫名的触动，她感觉像是一只不知名的小鸟扑了过来，轻轻在她心上啄了一下，又优雅地飞走了。张爱玲突然想起她曾经写过的一句话：“哦，你也在这里吗？”

正当赖雅想继续和张爱玲交谈下去的时候，旁边的几个人却大声地喊他。赖雅转身对张爱玲说：“对不起，我们明天再交谈，好吗？”此时，他们彼此都互道了姓名。他知道她叫张爱玲，她也知道他叫赖雅。

回到宿舍，张爱玲脑海里不断闪过赖雅的面孔，那张面孔像是一张褶皱的旧历，每一页上都诉说着一个故事，她第一次失眠了。异国的夜从来没有这般漫长，在这漫长的夜里，她久久不能平静。

第二天晚上，张爱玲再一次出现在文艺大厅里，她看似满不在乎地走进人群中，眼睛却控制不住地搜寻昨天那个身材高大的赖雅。

“爱玲小姐，晚上好！”正当张爱玲失望的时候，背后传来赖雅爽朗的声音。

转过头来，张爱玲看到赖雅正在她背后，向她微微笑着。

“你好，赖雅先生！”张爱玲感到心头的石头落了下来，便努力抑制住心中的喜悦，大方地问好。

“叫我甫德吧，朋友们都这么叫。”

张爱玲笑了笑，从此便这么称呼赖雅。

张爱玲的英语说得很纯正，与赖雅交流起来，完全没有障碍，赖雅还以为她很久以前就到美国来了。

艺术家之间从来都不缺少话题，转眼间，张爱玲和赖雅已经谈了很多了。

张爱玲为能够来到这里感到高兴，现在又交到了朋友，那初来乍到的隐忧便荡然无存了，她的身心也得到了极大的调整，整个人也显得神采奕奕。

张爱玲是个热爱生活的人，也很会享受生活，只要条件允许，她就能让自己生活得很惬意。于是，她又开始穿颜色鲜亮、样式别致的衣服了，还梳起了大方古朴的发型。这样，更加引起了赖雅的关注，他觉得这位东方来的女子气质不凡。

爱情之花正慢慢绽放……

遇见忘年恋，在红尘之外 >>>

已经临近三月底了，彼得堡又迎来了一场大雪。一夜间，麦克道威尔便到处银装素裹。张爱玲和赖雅坐在文艺大厅的火炉旁，几天的交流，让他们变成了无话不谈的好朋友，他们谈文学艺术、谈国家地理、谈人生阅历……话题越来越多。

赖雅，1891 年出生于美国费城的一个德国移民家庭，天资聪颖。由于是德国移民，父母是完全按照德国的生活习惯养育他的，所以，他从小便能够说一口流利的德语。5 岁的时候，赖雅第一次跟着父亲穿越大西洋，回德国探亲。童年时期的赖雅就显示出了卓尔不群的文学天赋，常常能够在喜庆的节日或场合里按照德国的传统即兴吟诗。

1908 年，赖雅进入美国宾夕法尼亚大学攻读文学专业。在此期间，他创作了不少诗，还出版了一部诗剧《莎乐美》，成为当时美国颇有名气的青年作家。

1914 年，赖雅的剧本《青春欲火》被一名教授发掘出来，将该戏剧引进著名的戏剧研究组。同年夏天，赖雅又获得哈佛大学的文艺硕士学位，随后，得到学者威廉·尼尔逊教授的推荐，到麻省理工学院教授英文。

然而，赖雅性格散漫，活泼好动，他不喜欢一成不变的生活，迷上了棒球和摄影后就更加不安分起来。1914 年，第一次世界大战爆发，赖雅毅然离开任职的大学，成为《波士顿邮报》驻欧洲的一名战地记者。战地记者是危险而刺激的，这也正是赖雅喜欢的工作。

从欧洲战场上回来后，他便住到纽约的格林尼治村，顺其自然地成为一名自由撰稿人，开始给各大杂志社投稿。由于有着深厚的文学底蕴和超凡的文学天赋，兴之所至时，他便能在一夜之间写出一篇精彩绝伦的短篇小说。

1917 年，赖雅与一位活跃在美国社会上的女权主义者吕蓓卡·郝威琪结婚，生下女儿霏丝，后因聚少离多，性格不合而和平离婚。从此，赖雅更加追求自由，他除了在纽约写作，其他时间都是和以前一样周游世界，花完了稿费就回去写作，这样反反复复。

赖雅多才多艺，不管是文学艺术、天文地理，还是园艺烹饪，他都手到擒来，而且还出手不凡。这样一个极容易在文坛上大放异彩的天才作家，却放弃了写作，在 1938 年去写电影剧本了。他对自己的要求不高，从未想过攀附名利，因此，十几年的韶华就在这样的飘忽中悄然而逝。

作为一名普普通通的编剧，赖雅虽然不出名，却能够轻易赚到钱。在此期间，他成为电影作家协会的代表之一，渐渐将题材转移到工人的立场上去，俨然成了罢工工人的代言人。他的信仰也越来越与资本主义背道而驰，虽然没有加入共产党，但人们还是渐渐看出了他的立场。

他继续这样赚钱花钱，有的是才华，对金钱也丝毫不在乎。然而，年岁渐老，他才慢慢体会到人世间的凄凉。1943 年，赖雅不幸摔断了腿，再加上轻度中风，不管是文学创作，还是身体状况都每况愈下。1954 年的时候，他再一次中风并住进了医院。

至此，江郎才尽的赖雅无奈中选择了麦克道威尔文艺营，他希望能够在这里做最后拼搏……

张爱玲坐在炉边，静静地听着赖雅的故事，她感觉仿佛是在他的生命里走了一遭。赖雅讲这些经历的时候，口气轻松，语言风趣幽默，但是，张爱玲依旧感觉到了他心底的那份无言的落寞和无尽的感伤。就这样，两颗沧桑的心越走越近了，张爱玲甚至邀请赖雅到自己的工作室里做客。

3 月 31 日，第二天就是复活节了，文艺营为这些艺术家们准备了丰盛的晚餐。晚餐过后，张爱玲和赖雅再次促膝而谈，张爱玲第一次将自己的《秧歌》拿给赖雅看，并希望得到他的指正。

几天之后，赖雅拿着那本《秧歌》轻轻敲开了张爱玲工作室的门。

雪后初霁，张爱玲和赖雅走在雪地上，脚下发出咯吱咯吱的响声，阳光也赶来凑热闹，细细倾听两个人的欢声笑语，欢快地洒在两个人身上。赖雅将那本《秧歌》拿了出来。

“甫德，你不喜欢，是吗？”张爱玲感到心底腾起一阵失落，两个人毕竟是在不同的意识形态下成长起来的，又有着不一样的政治立场。

“不，爱玲，你的小说写得棒极了，文笔如此优美，情节曲折动人……”赖雅认真地说道，他接下来继续对张爱玲的小说大加赞赏。

来到美国后，除了胡适先生对她的认可和鼓励，张爱玲还没有接收到这样的鼓励呢，这对她来说，是多么好的动力，来得多么及时。

张爱玲不敢相信，她表示疑惑：“可是……我们……”

阳光斜斜的，却显得更加明亮起来，赖雅知道张爱玲的疑惑。

“政治的观点和艺术并没有什么必然的联系。”赖雅微笑着接过张爱玲的话说道。

艺术不分国界，爱情更是如此吧！

张爱玲走在赖雅身边，听赖雅继续说着一些他早年的奇闻逸事，石头边儿、光影里都留下了他们的身影。

回去的时候，已经是夕阳西下了，四周冷飕飕的空气又围拢了来。走在下坡处的时候，赖雅怕她滑倒，很自然地用他那大手牵起了张爱玲，张爱玲只觉得心里一阵暖流流过，像天降甘露，洒在她心田上。

他们相爱了。张爱玲被这个成熟稳重的异国男人深深吸引，她感到无比欣喜，心情像含苞欲放的花骨朵，就要在这异国他乡、在这雪地上绽放出来。

咯吱咯吱，雪地上留下两行大大小小的脚印。夜幕中，不知道伸向了何方，很远很远……

自从那天相携而行之后，张爱玲和赖雅的关系就更加密切了，赖雅的风趣幽默，宽厚仁慈让张爱玲忘却了孤旅异国他乡的惆怅和苦楚。

4月，天气转暖，张爱玲和赖雅的关系也随着天气的变化日渐升温。两人在一起谈论的时候，张爱玲也开始主动和赖雅讨论一些话题，谈中国的文学著作、书法艺术、政治哲学等，有时也会产生不同的观点，但是他们都很淡然，求同存异，把对方当成自己依赖的人。

相爱，是多么可贵，无论值不值得。张爱玲说："你问爱值不值得，其实你应该知道，爱不该问值不值得。"当初和胡兰成便是如此。对于张爱玲来说，爱上胡兰成和爱上赖雅都一样，无关政治、无关年龄，他们只是很纯粹的男人和女人，如此说来，相爱便是很容易的事了。

执子之手，与子偕老 >>>

美妙的时光总是仓促而短暂，一转眼便已经到了 5 月，张爱玲和赖雅常常在晚饭之后，携手散步，畅谈人生。

然而，文艺家在麦克道威尔文艺营的逗留是有期限的，5 月 14 日就是赖雅要离开的日子，他将要转到纽约州北部的耶多文艺营去。

离别对于陷入热恋的爱人来说是极其痛苦的，张爱玲便是如此，她曾经一度以为，自己再也不会爱了，胡兰成对她的伤害毕竟是太大了。然而连她自己都没想到，就在这异国他乡，她心中的爱情之火竟然被另一个大她将近 30 岁的男人再次点燃了。可是，甜蜜的爱情才刚刚开始，赖雅就要离开了。

5 月 14 日很快就到来了，张爱玲送赖雅去车站。

火车还没有来，车站里只有稀稀拉拉的几个人在等车，张爱玲执手相送，似乎要将每一分每一秒当成一个小时来过，他们谈到了她的代理人、出版商、她在美国的市场等一些现实的问题。张爱玲来到美国后，经济拮据，生活状态不容乐观，但是在最后离别的时刻，她还是拿出一些钱给赖雅。她知道赖雅的情况只能比她差，如今他一人离去，前路茫茫，还不知道会怎么样呢。

赖雅再三推辞，他不能接受心爱的女人这样来支持他，他感到很愧疚，同时又被张爱玲的一颗赤诚的心深深感动。赖雅从来就是个漂泊惯了的人，离别对于他来说，已经是见怪不怪了，但是这一次离别，他却感到了从未有过的不舍和牵挂。

远远地，传来了火车的汽笛声。

“再见，别忘了来信。”赖雅隔着车窗喊道，他那双快要枯瘦的大手有力地紧扣着玻璃窗。

张爱玲伫立在站台上，看着火车随着轰隆隆的声音远去，爱人亦远去了。

赖雅在耶多文艺营的期限只有六个星期。六个星期后，他又搬到了萨拉托卡泉镇的罗素宾馆去住。

1956 年 7 月 5 日，赖雅接到了张爱玲的信。他迫不及待地拆开信，看到信里的内容，却由惊喜转为了慌乱。张爱玲信中说，她怀孕了，怀了他的孩子。赖雅不知道该怎么办，他没有想过会发生这样的事情，思想一下子陷入了悲喜交加的境地。

赖雅习惯了漂泊的生活，30 多年来，他一直单身，虽然也交过一些女友，但却从未想过要结婚。他爱她，这毋庸置疑，但是他已经老了，还穷困潦倒，如何能给张爱玲和孩子一个稳定的家呢？不！赖雅想到，他是男人，必须要担负起这个责任，他要对这个可爱真诚的女人负责，振作起来，和她共同开创幸福的生活。

想到这里，赖雅迫不及待地拿起笔，他要向她求婚。立刻！马上！

窗外下起了倾盆大雨，唰唰地冲击着这颗热烈的心。不一会儿，他便挥就了一封热情洋溢的信。他管不了那么多了，爱情的力量使他一下子回到了从前，回到那个身体强壮的棒小伙。于是，他不管不顾地冲进雨里，到邮局把那封信寄了出去。赖雅在信中向张爱玲求婚，还以一贯幽默的口吻给张爱玲讲笑话，以冲淡她心中的慌乱和不安。

与此同时，张爱玲在麦克道威尔的期限到了，她将在10月份再次返回。彼时，她已经搬到了在麦克道威尔文艺营认识的另外一名营友在纽约的公寓里。

赖雅已经等不及了，张爱玲则更加等不及。就在赖雅的信发出的第三天，张爱玲便独自一人来到了赖雅栖身的萨拉托卡泉小镇。

萨拉托卡泉小镇，一条静谧的街道上，张爱玲拖着已经四个月大的肚子急匆匆地去找赖雅。

小别重逢，自然喜不自胜。赖雅承诺，将和张爱玲结婚，但是不能让她生下孩子，他说他无力给孩子未来。这一年，张爱玲已经36岁了，她也一向不喜欢孩子和小动物，她曾经说过："我对于小孩是尊重与恐惧，完全敬而远之。"但是这一次，毕竟是自己的亲生骨肉，要从自己的身体里生生剥离。如果这一次不要孩子，张爱玲知道那意味着什么，她可能永远都没有再做母亲的机会了，或许是出于女人的天性，她想留下这个孩子。

两人从相识到相恋，还从未发生过任何争执。赖雅一向都温文尔雅，颇具绅士风度，对张爱玲更是谦让包容，然而，这一次他却要固执到底，坚决不要孩子。两人第一次陷入了僵局，就这样僵持了几天几夜，张爱玲经过反复考虑，终于答应打掉孩子，并嫁给赖雅。

赖雅请来了做流产的医生，张爱玲把孩子流掉了。因为打胎，张爱玲身体虚弱，一病不起，幸而有赖雅的精心照料。

1956 年 8 月 14 日，张爱玲和赖雅在纽约举行了婚礼，张爱玲在美国的阿姨马莉・勒德尔和炎樱做了他们的证婚人。这一年，赖雅 65 岁，张爱玲 36 岁，张爱玲和赖雅的女儿霏丝的年纪相当。

或许两人的差距不仅仅是年龄上的，更是政治立场上的、性格上的，他们的结合似乎是那么的不和谐，不被人看好。但是张爱玲终于有了家的感觉，在这举目无亲的异国，她终于有了一席之地。婚后，张爱玲和赖雅一起畅游了纽约，作为短暂的蜜月旅行。

这一颗漂泊太久的心，终于归于平稳。这一切，父亲不曾给过她，胡兰成更没有给过，眼前这个垂暮的外国男人，却努力地给予她想要的温暖。张爱玲觉得自己就好像在海面上漂泊无依的小船，经历了太多的风吹雨打，好不容易才误打误撞，驶进了这温暖而平静的港湾。她十分珍重这份感情，赖雅也一样。

10月，他们又双双回到了麦克道威尔文艺营，当初，张爱玲刚去麦克道威尔文艺营两个月的时候，就向营里提出夏季的申请，但是夏季的名额已满，她只能预订了10月份冬季的名额，赖雅也预订了。

10月，已是深秋，再一次回到这里，张爱玲和赖雅都平添了一份淡然和从容。况且有爱人相伴，张爱玲看着周围，群山层林尽染，环境恬淡宜人，决心全力投入到写作中去。

然而，祸福相依。新婚不久的赖雅便因中风再次病倒了，他毕竟已步入老年，这一次疾病让他变得更加苍老而虚弱，已经到了不能写作的地步，曾经庞大的写作计划也不得不成了一纸空谈，每天记日记的习惯也几近中止。

张爱玲看着爱人受尽病痛的折磨，只能暂时搁笔，悉心照料。赖雅倒下了，张爱玲觉得就像自己曾一度依靠的大山轰然坍塌了，身心也遭受了很大的打击，她日夜难安，守在床边寸步不离地照顾着。赖雅每次从梦中醒来都能看到张爱玲坐在床边清瘦的身影，眼角含泪。

“甫德，你要好起来！我不能没有你！你要好起来！”张爱玲紧紧握着赖雅的手，她的声音里那么无助，那么痛苦。

“爱玲，相信我，我会坚持住的。别担心，为了我们的将来，我会尽快好起来的。”看着心爱的女人为自己操碎了心，赖雅揪心地痛，他不禁也闪起了泪花。

秋风劲起，寒枝拣尽。张爱玲搀扶着赖雅漫步在草坪上，赖雅的身体还是有些不太好，他像是站不稳的样子，在风中摇晃。张爱玲紧紧搀扶着，依偎在他高大的胸前。风嗖嗖地吹过，落叶翩翩起舞，在空中画了一个个小小的圈儿，又在那细碎的、沉稳的脚下落定。

张爱玲抬眼看着赖雅苍老的脸颊，心疼地说道："甫德，你答应我，以后要好好的，你不知道，这些天，我有多担心，多害怕……"说着说着，她又感到鼻子一酸，不敢想以后的事了，心底那一份"君生我未生，我生君已老"的担忧和疼痛，她想都不敢想。

夕阳沉醉，恋恋不舍地挂在天边，斜斜的光已经照不到两人身上了。

"当然，爱玲，你放心吧，我会努力的，我们的好日子才刚刚开始。"赖雅还是那么乐观，或者，那只是表面的。他爱怜地看看爱人。然而，落花，流水，春去，他的年轻的时光已经一去不复返了。

10 月底，在张爱玲的精心照料下，赖雅的身体基本已经康复了。但是张爱玲丝毫不敢怠慢，她怎么也开心不起来，她的心日夜为丈夫的身体悬着。12 月 19 日，赖雅再一次旧病复发被送往医院，他脸部麻痹，几乎失音，张爱玲陷入了更大的恐惧之中。

过几天就是圣诞节了，直到圣诞节前夕，赖雅才病情好转，回到公寓里。

那天清晨，天空飘着大雪。张爱玲独自行走在茫茫雪地里，采购了一些物品回来。赖雅也想竭尽所能做一些事情，让她开心。

张爱玲做了好几道拿手的中国菜，以庆祝丈夫康复出院和这个盛大的节日。灯光很是柔和，在这茫茫无际的冬夜里，更显得温暖而妩媚，他们相对而坐，张爱玲对着这柔和的灯光和深爱的伴侣许下她的新年愿望：愿甫德在新的一年里身体健康。

其实，张爱玲除了担心丈夫的身体，还为两个人的经济问题发愁。她来到美国后，几乎没有什么作品问世，几部小说投到出版社，便如石沉大海，但是她还得接着写。曾经红遍上海滩的女作家如今却再也找不回当初的辉煌了。离开了上海，她就如一叶浮萍，在异国，没有适合让她开花结果的土壤。

1957 年，新年伊始，赖雅的身体渐渐好转。1 月 20 日，他已经能够自己出远门了，探望朋友、购物都不成问题。1 月 23 日，张爱玲和赖雅一同乘坐长途巴士回到文艺营。

接着，张爱玲马不停蹄地将自己的中文小说《赤地之恋》译成英文，两个月后，就将完成的打印稿寄往纽约的出版公司。

4 月临近，又到了他们离开麦克道威尔文艺营的时候了，他们曾想方设法申请延期或转到别的文艺营去，但都遭到了拒绝。张爱玲盘算着接下来的日子该怎么过，她投稿的公司——戴尔公司认为，出版她的作品可能意味着一种新的风险，要他们继续等待结果。但是很快，哥伦比亚广播公司打算将张爱玲的《秧歌》改写成剧本，将支付他们 1440 美元的稿费，这一笔钱对于张爱玲和赖雅这对即将走投无路的夫妻来说，无疑是最大的安慰了。

不久，赖雅在彼得堡松树街 25 号找到一处带家具出租的公寓，这是他们接下来的栖身之所。

这对潦倒的作家夫妻，又要开始新的旅程了……

山穷，水也尽 >>>

1957年4月，张爱玲和赖雅搬到了彼得堡松树街的公寓中，每个月需要交61美元的租金。这是一幢三层楼的公寓，坐落在一条狭窄的街上，交通很方便，他们就住在第三层。

除了每个月61美元的租金，他们还要置办一些日常生活用品。两个人紧锣密鼓地布置着，张爱玲买了一些床单和窗帘，赖雅则去附近的小摊上转转，花很少的钱买回一些诸如面包烘炉、木质小床、小桌子等。有时候，他还会拉着张爱玲一块去“淘宝”，这也成了他们生活中的乐趣。

有一次张爱玲仅用3.75美元就买到了四件漂亮的绒衫和一件浴袍，她高兴极了，回家一试，又很合适，赖雅也为她感到高兴。来到美国三年了，张爱玲终于有了一个属于自己的家，虽然简陋，生活贫苦，但却让她由衷地感到高兴。为了节省开支，张爱玲还亲自当起了油漆工，她挽起袖子，挥舞着一把小刷子，把他们的家刷成了天蓝色。赖雅看着张爱玲汗流浃背的样子，心疼不已，每次从外面购物回来，他都忍不住劝她。张爱玲却说："别担心，亲爱的，我最喜欢干这样的活了。"说完还开心地笑着。

就这样，他们在简单的生活中寻找属于他们的简单的乐趣。有一次，张爱玲发现公寓里有好多蚂蚁，他们租住的毕竟是旧房子，张爱玲便用一种杀蚂蚁的喷酒，没几天就解除了这个麻烦，赖雅笑着给她取了个外号，称她为"杀蚁刺客"。张爱玲咯咯地笑着，脸上洋溢着简单的幸福。

小镇的生活平静而充满了乐趣，两人也开始了各自的创作，张爱玲喜欢在寂静的夜里写作，而赖雅则喜欢早睡早起，不同的作息时间并没有打破两人的和谐。为了能够让张爱玲全身心投入到写作中去，赖雅主动承担起了几乎所有的家务。有时候，两人还会合作着做一些简单的菜，有汉堡牛排、鸡肉馅饼、炖牛肉以及一些蔬菜等，当然，更少不了张爱玲喜欢的鱼。他们常常在温暖的灯光下，纵然窗外再多的狂风骤雨，他们也不为所动，共同看一本书、相携着去看一场电影……

张爱玲把这平静而美好的每一天都记在了心里，赖雅也觉得平凡的家庭生活原来可以这么美好，他怎么也想不通自己年轻的时候为何那么讨厌这样平凡的生活，因此，更加珍惜了。然而，这美好很快便被打破了。

5月中旬，张爱玲得到消息，她精心改写的《粉红的眼泪》不能被选用了，这个消息犹如晴天霹雳，她对它寄予了全部的希望，却是这样的结果。张爱玲一时接受不了这个事实，她病倒了，自信心受到了重创。

为了生活，张爱玲一点一点地向现实妥协，她已经不再是原来那个她了。赖雅看着失去自信的妻子，万分焦急。他想尽一切办法终于帮张爱玲重新找回了自信，她这才开始创作新的作品《上海游闲人》。在此期间，张爱玲不得不请求在香港的好友宋淇帮助，为宋淇所在的电懋影业公司写剧本以维持生计。她先后写了《情场如战场》《人才两得》《六月新娘》和《桃花运》等剧本，由于宋淇的激励推荐，这些剧本的稿酬都高达800～1000美元。这些钱也成了她和赖雅很长一段时间内的主要经济收入。

7月，赖雅还陪着张爱玲到波士顿旅行了一次，张爱玲从小就是生活在大都市中的人。这一次旅行，她更加爱上了大都市的繁华，她多么希望有一天能够搬到像波士顿这样的大都市中去。

8月中旬，张爱玲接到来自伦敦的一封加急电报，看完电报，张爱玲感觉眼前一黑，双手也忍不住微微颤动。电报上说，她的母亲病情危急，需要马上做手术。

母亲，这是个多么遥远的字眼，张爱玲已经有那么多年没有见到过自己的母亲了，她不知道那个曾经满世界跑的美丽女人如今变成了什么样，她只记得她模糊的身影。她何尝不想母亲，也想立刻飞到她的身边，但是眼前经济的拮据，她甚至连买一张飞机票的钱都拿不出来，她不能去看母亲。

张爱玲颤抖着写了一封安慰的信，并在信中夹了100美元，她也只能以此来表示女儿的心意了。就这样，张爱玲错过了最后一次和母亲见面的机会。不久，便得知母亲离世了，远在大西洋彼岸的母亲奔波了一生，却毫无所获，她的主要经济来源还是从中国带出来的——跟着她跑遍全世界的古玩。如今，她将剩下的那些不舍得变卖的一大箱子古董全都留给了女儿。

母亲已经去世了，张爱玲抚摸着那些古董，心里怅然若失，仿佛看到母亲依然是当年那美丽时髦的样子，轻轻地向她走来。她哭了，上一次因为母亲哭，是上中学的时候，母亲到学校里来和她道别，直到母亲走后，她看着那远去的身影，才忽然觉得这样的情形需要眼泪，那时，她自己哭，也是哭给自己。这一次，她为母亲哭，伏在赖雅怀里泪流不止，再也见不到了。

时光在平静的生活中渐渐远去，张爱玲丝毫没有感觉到它的流逝，仿佛是伏案一夜，便又迎来了一个春天。这一年，张爱玲三十八岁，正是一个人一生中创作的最佳时期，她开始为将来的生活规划新的蓝图了。有一天早上，她醒来，偎着被子大哭，早已起床的赖雅不明所以地走了过来，关切地问她怎么了。张爱玲泪流满面地告诉赖雅，她刚刚梦见有一位杰出的中国作家，取得了极大的成就，虽然她不认识这个人，但是她觉得很丢人。

是的，离开上海后，年轻的张爱玲却再也没有写出自己得意的作品来。如今，她厌倦了这单调枯燥的生活，希望能够到大城市里去发展，找到自己中意的写作素材，她总觉得是这偏僻的环境影响了她的创作。赖雅又何尝不知道张爱玲的想法，更为她心里的落差感到心疼，然而他已经是风烛残年，奔波了大半生，好不容易才归于平静，他不想再回到大都市那繁华与喧嚣中去。

但是，赖雅能够深刻体会到张爱玲的心情，更会为了她竭尽所能。所以，他痛下决心，告诉张爱玲将带她到大城市去。

于是，他们一起向南加州的亭廷顿·哈特福基金会提出申请，不久就得到消息，他们的申请获得了批准。

由于担心赖雅的身体，申请批准后，张爱玲便陪着赖雅去医院做了全面身体检查，检查显示赖雅的心脏功能以及其他器官都很正常。

那天，烈日炎炎，他们从医院里走出来，在阳光里兴冲冲地走回家去。可以去南加州了，一种新的生活就在眼前。

结婚三年，时间不长，他们却共同经历了风风雨雨，病痛、退稿。他们相扶相依，一路走来，满满的都是幸福，两人的感情也越来越深厚。在赖雅的包容和爱里，张爱玲更加显示出了东方女子别样的温柔和贤惠，每当赖雅病痛发作时，她就为他按摩以减轻肌肉的紧张程度。她甚是感激丈夫对她的理解和支持。

原本，张爱玲是希望在这异国他乡能够找一份依靠，却没想到赖雅却越来越依赖她了，他深情地对她说："今生能够娶到你，是我最大的福分。"于是，他不顾妻子的反对，执意立下遗嘱，将自己的全部财产留给张爱玲。

1958 年 10 月 1 日，这是张爱玲毕生难忘的日子。因为赖雅在她不知情的前提下，为她的生日精心准备着。他起先总是弄不明白，妻子的农历生日到底是哪一天，他要把张爱玲在中国的农历生日，以西方的阳历日期来算，算了好久，他才记下这一天，他甚至还在日记中提醒自己。

加州，初秋的阴雨下个不停。赖雅冒着雨早早就买回了生日蛋糕，又从花店买回一束红玫瑰，他希望时间过得快点，他想早点看到爱人快乐的笑容。

上午，家里来了一个联邦调查局的人，他是来核查有关赖雅所欠债务的问题，赖雅一边听着他絮絮叨叨地说个不停，一边坐立不安，希望他快点走。那人临近中午的时候，才起身告辞，赖雅悄悄松了口气。

吃过午饭，赖雅不动声色地拿出准备好的生日蛋糕，笑吟吟地将玫瑰花递到张爱玲面前："亲爱的，祝你生日快乐！愿我们的爱情天天美丽！"

这一刻，张爱玲简直不敢相信，她愣住了，反应过来的时候，赖雅正唱着生日快乐歌。张爱玲自己都忘记了那个日子，她从小缺少关爱，在那么阴冷的环境中长大，这久违的温暖让她一下子不知所措了。她哭了起来，这些年，她为生计所累，生日对她来说，也不过是个普通的日子，而眼前这个男人却如此细心，如此用心。

下午，天空放晴，张爱玲和赖雅一起去邮局给好友寄信。

雨后的天空，是别样的澄澈。落叶满阶，一片金黄。他们乘着微微拂过的秋风走在去往邮局的路上，张爱玲泪渍未干，她感到前所未有的幸福。

晚饭过后，他们准备再去看一场电影，张爱玲还特意精心打扮了一番，她穿了一件颜色鲜亮的衣服，绾起高高的发髻。华灯初上，路旁的霓虹灯静静地伫立着，张爱玲高高瘦瘦的身影依偎在高大的赖雅身旁。

他们看了一场名为《刻不容缓》的电影，在电影院里，张爱玲挽着赖雅的手，笑出了眼泪。

回来的时候，天气有些冷，赖雅那深黑色的风衣衣角随着风起起落落。张爱玲不由得打了一个寒战，这没有逃过赖雅的眼睛，他是个细心的男人，他的整颗心都在这个女人身上。赖雅脱下风衣，披在了张爱玲身上，张爱玲抬眼傻傻地看着他，傻傻地笑，紧紧地靠在赖雅身上继续走。她低下头，眼泪便忍不住地流了下来。这样的幸福时刻，在她 38 年的人生生涯中太少了，回想起来，全是这个男人给的，她不知道该怎么珍惜了，只有深深的感动。

10 月中旬，张爱玲和赖雅，这对注定漂泊的夫妻又开始了新的流浪。

这一次，他们来到了洛杉矶近郊的亨廷顿·哈特福基金会。该基金会给他们提供了一座宽敞明亮的花园般的大房子。在这里，他们可以俯瞰太平洋的浩瀚，可以眺望好莱坞的辉煌。赖雅年轻的时候，曾经是好莱坞多个著名导演的座上宾。那时候，他才华横溢，风度翩翩，又热情好客，仗义疏财，赢得了很多人的尊重，他更是凭借自己的才华和名气提拔了很多人。然而，如今他却成了一个被遗忘、被冷落的人。

张爱玲依旧喜欢到那时髦的商店门前看漂亮的衣服，但是由于囊中羞涩，常常遭受一些售货员的冷眼。

亨廷顿·哈特福基金会的文艺气氛比麦克道威尔文艺营的文艺气氛更加浓厚一些，赖雅依旧喜欢到基金会的大厅里交友聊天，玩玩扑克游戏。张爱玲则几乎杜绝所有的社交，全身心地投入写作中去。她正在用英文改写陈纪滢的中文小说《荻村传》，取名为《荻中笨伯》。后来，这部书在香港出版。

有一天晚上，家里来了一位客人，张爱玲正在书房里写作，赖雅走进来，故作神秘地说："爱玲，来了一位老朋友，你出来见一下吧。"

张爱玲撒娇似的不肯出去，和赖雅争执了好久，赖雅没有办法就对她说："你知道吗？那位朋友是头'山羊'。"

张爱玲一听，便欢快地跑到客厅里，像一个不谙世事的小姑娘，轻轻抚摸着这位"小山羊"的头，赖雅很不理解张爱玲这种极其抵御外人的心理，但是拿她没办法，相反还怜爱不已。

1959 年 2 月，张爱玲和赖雅在基金会的期限到了，他们打算搬到旧金山去。

有人曾经评价旧金山说："美国的所有地方都千篇一律，只有旧金山例外。"旧金山的确是个美丽的海滨城市，这里四季如春，整洁干净。

码头上渔民们热闹非凡，唐人街的夜晚更是灯火通明。张爱玲和赖雅在这里租了一处小公寓，月租金是70美元。每天，赖雅8点起床，用过早餐后步行到工作室去写作，中午再回来，做好饭，叫醒张爱玲，一起吃午餐，下午要么分头去工作，要么一起外出购物。到了晚上，赖雅就去看杂志或看电视，张爱玲则喜欢在这时候写作，通常都会写到凌晨两三点的样子。

他们都渐渐地在这里交到了各自的好朋友，赖雅常常与一位叫约·培根的画家在一起游玩，他们几乎走遍了旧金山所有的大街小巷，约·培根还每星期来接赖雅一起去购物。张爱玲则和爱丽丝·琵瑟尔成了好朋友，爱丽丝·琵瑟尔是一位研究美术的，非常友善的美国女子，张爱玲从小就喜欢画画，她常常趴在爱丽丝跟前，看她画画。

生活就这样继续简单而有序地进行着，张爱玲除了自己写，还在宋淇夫妇的帮助下，为美国新闻处做翻译。赖雅则是在写自己和好友的传记。写作之余，两人就一起在落日的余晖里散散步，谈谈话。

在一个小公园的长凳上，张爱玲常常会跟赖雅说起她的童年，她的故乡，可惜……她想，她可能再也回不去了。有时候她还讲给爱丽丝听，爱丽丝通常都会饶有兴趣地听她讲，她感觉张爱玲的一切都那么神秘，那么悠远。

12 月中旬，张爱玲接到炎樱的来信，信中表达了对张爱玲被退稿的同情，张爱玲一颗快要被抚平的心又不免荡起了失意。到 1960 年初的时候，张爱玲再次接到炎樱的来信，信中说她已经结婚，去日本的时候会经过旧金山，那时候可以见面。

然而，到了约定的日子，张爱玲早早就准备好了，还提前去机场迎接，不想炎樱却失约了，张爱玲不免感到失望。

1960 年 7 月，张爱玲已经来美国五年了，虽然加入美国国籍困难重重，但是在赖雅和培根的帮助下，她终于获得了美国国籍，正式成了美国公民。

赖雅的年纪越来越大，他每每病痛发作，张爱玲便提心吊胆，一边为她按摩，一边心疼不已。张爱玲的生日马上就要到了，赖雅答应陪她一起去看脱衣舞，张爱玲欢喜得手舞足蹈，这是她第一次看脱衣舞，看得津津有味。

张爱玲喜欢到这样的场所丰富自己的生活，她觉得这样才能丰富她小说里的人物和场景。多年以前，她就常常到戏院里看戏，而那些体面的太太小姐们是从来不会去那样的场合的，她们认为这些场所都俗不可耐。

1961 年，炎樱再次来信，说将从日本返回美国，途经旧金山，会来拜访，张爱玲依旧是欣喜万分，可是左等右等就是没有炎樱的影子。张爱玲以为炎樱又要失约了，正当她焦急万分的时候，炎樱却推门而入，张爱玲既高兴又有些责备地戏说她是“从天而降”，炎樱还是和以前一样，总是那么轻松快乐。

在此期间，赖雅的女儿霏丝也会时不时地到旧金山来看望老父亲。霏丝是个精力充沛的女人，她有三个儿子，都在上学，她自己在华盛顿芭蕾舞学校任行政管理员和教师。赖雅已经年老，他又对自己年轻时候的作为深感愧疚，于是就格外珍惜和女儿、外孙在一起的时光，常常坐在三个外孙旁边看他们玩游戏，听他们说学校里的趣事。

张爱玲小时候，便生活在继母的掌控之中，她没有想到自己有一天也成了别人的继母，还是在异国，她极少参加赖雅和女儿的家庭聚餐。但是霏丝却慢慢接受了这位跟自己年纪相差无几的年轻的来自东方的继母，两人也慢慢成了好朋友，张爱玲还会常常邀请霏丝到家里来，陪她去逛街，到唐人街去吃中国菜。

生活继续着，平平静静的，但是张爱玲的写作市场依旧如死水一般，毫无生气。他们的固定收入极少，完全靠两人的版税和赖雅的社会保险金生活。张爱玲觉得可以启动她那个酝酿了很久的计划了，她要攒够钱，再到香港跑一趟，还要去台湾为自己将要开始写的《少帅》搜集资料。

张爱玲已经到英国海外航空公司打听好了去香港的费用，但是赖雅的不同意是在意料之中的，他已经越来越离不开张爱玲了，张爱玲必须想办法让赖雅接受自己的“东方之行”。

“爱玲，你不能走，我不能让你走，我离不开你。”这时，赖雅大病初愈，显得更加苍老不堪了，他果然强烈反对张爱玲的港台之行。

看着赖雅眼中的不舍和眷恋，张爱玲何尝不为之动容。但是，如果不闯一闯，今后的生活怎么办，赖雅已经越来越年老。她必须得走，以此来为两人今后的生活带来一丝转机。

张爱玲推心置腹、言辞恳切，经过一晚上的劝导，终于做通了赖雅的工作。

接下来，赖雅写信给住在华盛顿的女儿，希望能够在张爱玲离家的那段日子里得到女儿的照顾。不久，霏丝回信，她说会将父亲接到她家附近去住，张爱玲终于可以安心地走了。

赖雅郁郁寡欢地看着张爱玲收拾行李，跟在张爱玲身后寸步不离，仿佛下一刻就要失去她似的。张爱玲走的那天，赖雅送他去机场。

看着飞机越飞越高，顷刻间便消失在云端，赖雅心中有说不出的疼痛，他生怕再也见不到妻子了。这一别，不知何时再能相见，他的身体还能不能等到妻子归来，想到这里，赖雅禁不住老泪纵横。

如果是这样，那么此去经年，往昔良辰美景，便不复存在了。

台港之行，疲惫了谁的心 >>>

1961年，金秋时节，张爱玲悄然降落到台湾，美国新闻处处长麦加锡接待了她。这一次，她首先要为将要写的剧本搜集生活资料；其次，还要为她计划中的《少帅》去采访张学良，“西安事变”后，张学良就被蒋介石软禁在台湾。

到达台北后，张爱玲就住到麦加锡家里。麦加锡的别墅处于阳明山公园附近的巷子里，家里有数不尽的仆人。麦加锡知道台湾有很多大学生都是“张迷”，便事先安排台湾大学的几名文学青年一同欢迎张爱玲，其中包括白先勇、王祯和、欧阳子、王兴文和陈若曦等。

麦加锡夫妇到机场接张爱玲去了，几位文学青年在麦加锡家里等。有一位太太突然问起：“我们大家都没有见过张爱玲，大家说她应该是什么样子。我曾经问过麦加锡先生，他说张爱玲很胖很邋遢。不知道究竟有多胖，有多邋遢？”

听到这样的说法，在座的人都不免有些失望。正在此时，张爱玲走了进来，大家喜不自禁，张爱玲是这样白净、高挑，哪里胖？哪里邋遢？后来席间的一位当事者这样评价张爱玲：“她很少说话，却操着一口流利的英语，说话声音很轻，语调慢慢的。”

其中王祯和是当时台湾大学外文系二年级的学生，他的同学白先勇、王文兴、欧阳子和陈若曦创办了《现代文学》杂志。麦加锡先生很喜欢文学，作为美国新闻处的处长，他选择白先勇、王文兴、欧阳子和王祯和的小说各一篇，翻译成英文，出了一部名为《新声》的书。张爱玲看到王祯和的那篇《鬼·北风·人》，对文章中描写的风土人情非常感兴趣，希望能够到王祯和故乡花莲去看看，王祯和甚是高兴，他非常乐意充当偶像的“导游”。

张爱玲来到花莲，住在了王祯和家里，他家是在街旁开杂货店的，一家人都很好客，张爱玲跟着王祯和转遍了花莲的大街小巷，她甚至还去了花莲的红灯区。她走到哪里，看到什么，都要认真记录下来，王祯和被她这种为文学奉献的精神深深感动了。

“张小姐，你想去看看阿美人的丰年祭吗？”有一天，王祯和问她。

“太好了！我最喜欢有民族特色的节日了。”张爱玲是个简单单纯的人，虽已年过四旬，碰到个别事，还是会忍不住欢喜起来，像个小姑娘。

10 月 15 日，张爱玲要离开花莲了，王祯和和母亲要与张爱玲拍照留念，照相师很是认真地为他们拍了许久。

按照计划，张爱玲接下来要去台东、屏东，一路感受当地的风土人情，再从高雄回到台北。然而，刚到台东，火车站站长就跑来告诉她，台北的麦加锡先生说，赖雅先生病重，要她赶快回台北。

张爱玲一直担心的事还是发生了。事实上，张爱玲刚走，赖雅便病倒了，腿上的疼痛扩散到了背部，接着又扩散到了全身，好不容易好了一点儿，却又在去女儿家的路上病倒了。霏丝接到父亲，转回自己家附近的医院，麦加锡先生只知道这么多。

“那他现在怎么样了？”张爱玲心急如焚。

麦加锡先生很遗憾地告诉她，霏丝通知完之后，就再也没了消息。

张爱玲更加着急了，她日夜赶路，马不停蹄，一度在小睡的时候恍惚中看到赖雅躺在病床上企盼的目光。

但是，张爱玲想到，她还不能回去，她身上的钱只能够买一张到加州的机票，而且，她此行的目的还没有达到，她不能一无所获地回去，那样的话，赖雅的病怎么办，拿什么给丈夫治病？拿什么应对今后的生活？

张爱玲考虑再三，狠下心来坐上了飞往香港的飞机，要回去也得先赚钱，她必须得先赚钱给丈夫治病。坐在飞机上，看着窗外白云掠过，张爱玲在心底默默祈祷：甫德，亲爱的，你要挺住，我会尽快回去的！

再一次来到香港，没有了少年时代初来的欣喜和憧憬，没有了青年时期的宏愿和追求，有的，只是简单的愿望，希望自己能够多赚点钱为丈夫治病，改善家庭生活。她曾经有着那么清高的灵魂，有着那么高贵的自尊，如今却为生计奔波劳累。

应宋淇夫妇的邀约，张爱玲再次为电懋公司写剧本，这次要写的是《红楼梦》上下集的电影剧本，稿酬是1600～2000美元。为了早日完成任务，回到美国，张爱玲每天从上午10点工作到第二天凌晨1点。一边是繁重的写作任务，一边担心赖雅的身体，张爱玲自顾不暇。

这么大的心理压力，张爱玲的身体很快就坚持不住了，她的眼睛出了毛病，患了溃疡，而且还流血。不仅是眼睛，她的腿也因长期在飞机上或火车上得不到运动而肿胀，严重的时候甚至不能站起来，一站起来就疼。

秋去冬来，张爱玲需要一双大一点儿的鞋子来缓解脚部疼痛，一件冬装、一件夏装、一件家常衣服、一副眼镜，她算了一下，大概要花去70美元，张爱玲看见这个数字，立刻就放弃了所有的打算，她必须将钱攒起来，攒够一张飞机票，回到丈夫身边。

唯一的安慰就是赖雅不断写信来，说自己的身体状况已经好转，让张爱玲安心工作，不要牵挂他。

经过几个月的艰苦努力，张爱玲终于完成了《红楼梦》的剧本，但是是否能通过还得是公司领导说了算。短暂的休息后，宋淇又建议张爱玲写另一个剧本，稿酬是800美元。张爱玲仔细盘算了她和赖雅在美国一个月的花费，这笔钱可以够他们生活4个月了，于是便答应下来。

张爱玲翻阅着赖雅寄给她的一封封信，赖雅已经在女儿家附近找了一处公寓，他还寄来了公寓的照片，让妻子早点回去。张爱玲轻轻抚摸着公寓的照片，她的心早已飞奔到了丈夫的身边。

正在此时，传来了一个糟糕的消息，香港的小报上说，电懋公司的老对手邵氏公司要抢先拍《红楼梦》，这就意味着张爱玲的心血将付之东流了。张爱玲的心情刚刚修复了一点，没想到又是一个晴天霹雳，她感到绝望正如海啸一般冲击在心头，她完全失去了往日的辉煌。

正月十五日元宵节的前夜，张爱玲独自站在公寓楼的阳台上，她没有开灯，远处九龙一带高高低低的公寓里灯火辉煌。她就站在黑夜里，感到无限的落寞，不知道何时就已经泪满衣襟了。明月当空，也同样是在黑暗里，这许多愁也只能诉诸冷月了。

回到卧室，桌子上是赖雅刚刚寄给她的信，赖雅一如既往地催妻子赶快回来，他希望能在有生之年再与妻子度过一段美好的时光，还建议一起去纽约玩几天。张爱玲知道，赖雅是要她快乐，只是要她快乐，为此，他从不吝啬钱财。张爱玲拿起笔，她体谅丈夫为他着想，但是她还是叮嘱丈夫要节省开支，建议赖雅陪她在华盛顿游览就行了。

身心俱疲的张爱玲决定要回去了，她的台湾、香港之行是残酷的、失败的。1962 年 3 月 16 日，张爱玲登上了飞往美国的飞机。从此，她彻底离祖国远去了，再也没有踏回这片她曾经熟悉的土地。

赖雅得知妻子归来的消息，兴奋得难以入睡。3 月 16 日，他就在日记中记道“爱玲离港之日”。时时刻刻期待她回来。按照日程，张爱玲将会在 18 日到达，赖雅却一刻也等不及了，他 17 日就独自跑到了机场的候机大厅，从朝阳初升到夜幕降临，他知道妻子明天才会到达，但是他还是希望奇迹能够出现。

18 日，赖雅和霏丝一块儿去机场接张爱玲，当张爱玲从飞机上下来的时候，赖雅使劲朝着她挥手，几个月的离别，他们更加珍惜对方了，四目相对的那一刻，满满的都是爱。

那天，风很大，但是他们还是一起去逛了国会大厦和国会图书馆。回到家里，张爱玲感到一阵说不出的温馨和感动，赖雅已经为她准备好了咖啡和麦片粥，她斜倚在沙发上，懒懒地看着赖雅忙来忙去地为她做汉堡和沙拉。几个月来所有的委屈和辛酸都在这一刻化为乌有，她还兴致勃勃地给赖雅讲述她在台湾和香港遇到的趣事。当然，她略去了诸多的不愉快，赖雅饶有兴趣地听着，还说将来要陪她去上海，去香港和台湾，他要陪着妻子重温东方的风情，亲自去感受妻子口中那灿烂古老的东方文化。

爱，如果有来生 >>>

张爱玲和赖雅又回到了以前平静的生活状态中，他们各自在国会图书馆申请到一个桌位，每天到固定的位置上写作学习。张爱玲只是去找一些资料，她还是习惯一个人在家里写。

冬季，悄然临近，华盛顿变得异常寒冷。12月份的一天，天降大雪，赖雅步行去国会图书馆。回家之后，他便蜷缩在床上打哆嗦。此后，他的身体每况愈下，以至于不能去杂货店购物了。张爱玲便穿上大衣，围上厚厚的围巾接过了这项工作。

“地面很滑，路上小心啊！”每次张爱玲出门，赖雅都要叮嘱她。

有一天，张爱玲出去了很久都没有回来，眼看着夜幕就要降临了，赖雅坐在床上左等右等，望着窗外阴冷的天空，他心急如焚，不祥的预感油然而生：“不会出什么事吧？”

“我回来了，亲爱的！”张爱玲急匆匆地赶了回来，她来不及抖落身上的雪花，一进门就冲赖雅喊道。

赖雅关切地看着她，不知道说什么好。

“瞧！这是什么？专门送给你的。”张爱玲放下手里的日用品，将胸口的大纸包递过来。

原来张爱玲跑了很多地方，给赖雅买了一条羊毛毯子，赖雅轻轻地抚摸着，软软的，他感到特别温暖。

也许是饿了，晚饭的时候，张爱玲吃得特别香。饭后，她收拾完，看见赖雅倚在床上，裹着毛毯睡着了。张爱玲轻轻地关上台灯，窗外大雪依旧下着。

1964 年 6 月 20 日，一架飞机在台湾中部坠毁，香港电懋电影公司的老板也在飞机上。电懋公司面临着破产的局面，张爱玲再也不能靠给电懋公司写剧本来赚取稿费了，这一主要的经济来源一下子便化为乌有，她与赖雅的生活更加窘迫了。

张爱玲想尽一切办法节约日常开销，增加收入，这时，麦加锡回到美国，供职于美国之音广播电台，在他的帮助下，张爱玲才得以为该广播电台写剧本。此后，她还改写了几部西方作家的小说。为了养家糊口，张爱玲已经完全放下了自己的创作，那本《少帅》也无疾而终了。

赖雅的身体状况也越来越糟糕，他又在从国会图书馆回来的路上摔了一跤，跌断了股骨，他的活动能力随之大大减弱。与此同时，他又多次中风，张爱玲手忙脚乱，不知如何是好，她打电话给霏丝，让霏丝开车送他们去了医院。

几次折腾之后，赖雅瘫痪了，大小便失禁。他变得越来越不喜欢说话，整天闷闷不乐，他觉得自己给心爱的妻子带来无尽的麻烦，内心愧疚万分。张爱玲每天除了写作，又有了看护赖雅的重任，她感到有些力不从心，两个人的小公寓里欢笑声越来越少。

为了改变生活状况，张爱玲申请了迈阿密大学的驻校作家。9月，张爱玲要离开华盛顿，去迈阿密大学的所在地俄亥俄州牛津市，她要丢下赖雅了，但是赖雅不能没人照顾。张爱玲左思右想，考虑到霏丝既要照顾两个孩子，又要忙着上班，便从附近雇了两个黑人妇女，托她们照顾。

但是由于赖雅已经大小便失禁，这两个黑人妇女不够用心，房间里不能保持干净。张爱玲到达牛津市后不久，便将赖雅接到了自己身边，她一边忙着工作，一边照顾丈夫。8个月后，张爱玲发现自己的创作没有丝毫进展，她又托夏志清先生帮忙，推荐她到哈佛大学的雷德克里芙女子学院去当驻校作家。

1967年4月，张爱玲又带上赖雅，前往麻州康桥，那是雷德克里芙女子学院的所在地。在此期间，赖雅几乎已经病入膏肓了，他整天病怏怏地躺在病床上。看着张爱玲每天忙得团团转，喂药、擦洗身子，赖雅深感愧疚，他欠这个女人的太多太多了。张爱玲则尽心尽力，心甘情愿地照顾他，她希望丈夫再多活一天，多活一天，哪怕自己再苦再累，也无所谓。

黄昏，落日赤黄赤黄的，照在赖雅的病榻前，张爱玲默默地坐在旁边，她多少次祈求上苍的恩典，不要夺去这个她深爱着的，也深爱着她的男人。

1967 年 10 月 8 日，赖雅去世了。

赖雅永远地离开了他的妻子，离开了张爱玲。

窗外，似乎是有落叶飘过。一阵秋风吹散了往日的欢声笑语，从此甜蜜温馨不再。

“死生契阔，与子成说。执子之手，与子偕老。”张爱玲想起了《击鼓》中的名句，她做到了，做得很好！

这晚秋的风光，像极了 10 年前相携而往的那个秋季。窗外，一片萧瑟狼藉。望着空荡荡的病床，张爱玲泪眼婆娑，十多年的相濡以沫历历在目。

心中的苦与乐无人倾诉，张爱玲真的变得了无牵挂了。死者已矣，生者还要继续奔波，她将继续行走在生命的孤苦无依的路上……

第七卷

Chapter.07

愿，今生只作最后一世

在他乡，孤傲地绽放 >>>

赖雅走了，在异国的天空下，张爱玲再也没有了亲密爱人的相伴，她开始了长达30多年的孤旅生活。她依旧是写，不停地创作。虽然这么多年来，她没有写出让世人轰动的作品，但是她的才华还在，昨天的辉煌还在，并且受到了越来越多的关注。

1969年7月，张爱玲接到了一个邀请，请她去担任加州大学中国研究中心的高级研究员，该研究中心的主持人是著名的陈世骧教授，他非常看重张爱玲的才华。经济依然窘迫的张爱玲欣然赴邀。从波士顿搬到了该大学的所在地柏克莱。

在柏克莱工作的日子并不轻松，况且张爱玲已经习惯了自由创作的生活，按部就班的工作对她来说实在是有些勉为其难。在该研究所，张爱玲的工作任务就是对中国共产党专用词汇进行研究。张爱玲擅长的是文学创作，这样不怎么搭边的工作让她感到有些吃力。

在此期间，台湾皇冠出版社出版了张爱玲的一批作品，这些作品出版后，台湾掀起了一阵“张爱玲热”。1961年，著名的海外汉学家夏志清教授在他的著作《中国现代小说史》中对张爱玲的作品进行了高度的评价：“对于一个研究现代中国文学的人来说，张爱玲该是今日中国最优秀最重要的作家。……《秧歌》在中国小说史上已经是本不朽之作。”1966年4月，皇冠出版社出版《怨女》，之后又相继出版重印了张爱玲的《秧歌》《流言》《张爱玲小说集》《半生缘》。

早在1944年的时候，中央书店的平襟亚要出版《张爱玲文集》，张爱玲没有同意。20年后，这本书还是由平家人出版了，因为皇冠出版社的老板正是平襟亚的侄子平鑫涛，平鑫涛的妻子、著名的言情小说家琼瑶女士就称张爱玲是她写作上的老师。

张爱玲的这一系列小说出版后，再度引起了世人的高度关注，吸引了大量的读者，颇有当年在上海崛起的态势，一时洛阳纸贵。

当时张爱玲的粉丝、台湾作家水晶先生就专门到美国拜访了张爱玲。他来到张爱玲的住处，看到的是一间“空荡荡”的房子，墙上没有任何装饰，连一张照片都没有。张爱玲起身拉开白色的纱幔，一排落地的玻璃长窗外是参天的法国梧桐。

张爱玲穿着一身高领圈青莲色旗袍接接待了水晶，她斜欠着身子坐在沙发上，显得平易近人，时而笑出声来。这一次，他们谈了长达7个小时，谈了许多张爱玲的作品，如《半生缘》《怨女》等。

1967年，张爱玲的英文小说《北地胭脂》由英国的凯塞尔出版社出版，然而这一次的销售却不太好，有些评论也很不友好。张爱玲顶着压力，将这本书译成中文，取名《怨女》。

至此，张爱玲有了较为稳定的稿酬收入，她终于不用再为生计到处奔波了。然而，在加州大学研究所的工作却不尽如人意。1970年前后，张爱玲的研究工作并无多大进展。陈世骧看到张爱玲提交的工作报告里所汇集的词汇极少，他不免有些失望，张爱玲对自己的研究工作也很失望。

张爱玲本身就不喜欢与人交往，即使是按部就班地工作，她也与众不同，她的工作时间和在家里自由创作的时间是一样的。同事们都已经下班了，张爱玲才来工作，常常是工作到半夜。第二天早上别人来上班时，她却已经回家了，在一起工作好几年的同事，都还不认识她。

在生活上，由于柏克莱气候湿冷，张爱玲也感觉不太适应，她常常会出现感冒、积食不消化、皮肤病、胃寒等病症。她的生活状态也越来越糟糕，在与友人的通信中，她也常常提到找不到眼镜、书籍丢失等一些琐碎的烦恼。

1971年5月，陈世骧教授逝世了。后来，张爱玲也被解聘了。这对张爱玲来说或许是一件好事，她一向喜欢自由自在、不受约束的生活。好在这时，她的知名度越来越高，收入日趋稳定。多年的艰苦奋斗之后，张爱玲终于可以享受一个人无拘无束、随心所欲的生活了。

这一次，她把地点选在了洛杉矶。

流光，催人老 >>>

1966年，张爱玲曾去印第安纳大学参加中西文学关系研讨会，会上认识了该大学的中西比较文学的研究生庄正信先生，庄正信先生那时的博士论文是有关《红楼梦》的，在会上与张爱玲没谈几句，就觉得很合得来，张爱玲也对庄先生很是信任。在生活中，常会将自己的私事托付给他。这一次要搬到洛杉矶，张爱玲便自然而然地想到请庄先生帮忙。

这幢公寓紧临好莱坞区域，公寓里应有尽有，会客室、丝绒的沙发、厚厚的地毯、落地窗帘，看起来像是没落的大户人家。搬来的当天，张爱玲为了避免以后的打扰，索性就对女管理员说："我不会说英文。"她甚至都向庄正信夫妇表明了谢绝往来的意思，她说自己虽然搬来了洛杉矶，但是最好还是把她当作住在老鼠洞里。

不久，张爱玲写信告诉庄正信夫妇自己的电话号码，但是申明自己是不接电话的。张爱玲要彻彻底底开始一个人的生活了，所有的孤独和寂寞，她要自己去迎接。

1974 年 6 月底的一天，张爱玲接到了庄正信夫妇的信，信中说他们夫妇将要离开洛杉矶，搬到印第安纳州去了，张爱玲决定请他们夫妇在临走之前，到自己这儿来坐坐。

晚上 8 点，庄正信夫妇应张爱玲的要求，带着相簿来到她的住处。庄正信的夫人杨荣华女士清楚地记得那天拜访张爱玲的情景。

张爱玲在她的房间里同时打开了几只二百瓦的灯泡，整个房间就像白天一样。她让庄正信夫妇坐在客厅里的一张小桌旁，自己去张罗着泡咖啡、舀冰激凌，她好不容易才凑足了杯子和汤勺。

客厅里除了一台小型电视机，什么摆设都没有，包括书架。她端着满满两碗杏仁奶油冰激凌走出来，看到了杨荣华戴着的一副新眼镜，便关心地说道：“戴着眼镜看起来感觉有距离。”

杨荣华女士一边低头吃着冰激凌，一边不露痕迹地摘掉了眼镜，张爱玲因此显得特别高兴，她坐在一边，翻开他们夫妇俩带来的相簿，饶有兴趣地听着他们的解说。听完他们相簿里的故事，张爱玲拿出了自己那本厚厚的老相簿。随着时光的流逝，这本相簿显得更加破旧了，已经脱了线的边角上落满了灰尘。

翻开老旧的相簿，张爱玲浅浅的笑容里多了些掩饰不住的悲凉，她那瘦瘦的胳膊微微地有些颤抖，年幼时的家庭照一张张呈现在眼前，仿佛正重新走过那已经逝去的半生时光。

在相册里，张爱玲收藏了许多母亲和姑姑畅游欧洲的相片，还有和炎樱的艺术照，她一边翻，一边向庄氏夫妇讲着相片里的故事。

翻到一张她颇为满意的时装照的时候，她说："我小时候没有好衣服穿，后来有一阵拼命穿得鲜艳，以致博得'奇装异服'的美名。穿过就算了，现在也不想了。"

夜，越来越深了，房间里越发亮堂起来，三个人由于喝了浓浓的咖啡，精神也更加亢奋。张爱玲继续翻阅着，每一张旧得发黄的相片背后都有一段沧桑的故事，庄正信夫妇一边看，一边惊叹着。父亲、母亲、弟弟、那只大黄狗、姑姑、炎樱……还有胡兰成、宋淇夫妇、赖雅……这些人又随着一个个故事变得鲜活起来。

回忆的颜色，总是过于悲哀了些。

往事不堪回首。

时间过得真快，它就在翻阅一张张相片的间隙中悄悄溜走，等他们想到告辞时，已经是凌晨三点半了，房间里依旧亮如白昼，张爱玲送他们出公寓。

天，黑森森的。轻柔的凉风吹过，与里边的房间完全是两个模样。没有任何一次送别能够这样令人陶醉。

天亮之后，庄正信赶在商店开门时买了一本相册，让女管理员转交给张爱玲，然后才踏上了远去的车。那个亮堂堂的夜晚仿佛就在上一刻，仅仅是上一刻，却又远远地逝去了……

红楼梦魇，海上花开 >>>

张爱玲就是在这样亮堂堂的夜晚里，继续着自己的创作，任凭窗外是怎样的黑。她把自己关起来了，完全地关了起来，一头扎进了文学的世界里，创作就是她生活的全部。

在此期间，张爱玲写的三部新小说《相见欢》《色·戒》《浮花浪蕊》都由台湾皇冠出版社出版。除此之外，她做的最主要的两项工作就是翻译《海上花列传》和研究《红楼梦》。

《海上花列传》是清末韩子云写的一部专门描写上海妓院生活的长篇小说，鲁迅曾经就认为此书是“狭邪小说”中之上品，胡适、刘半农都对此书有过相对较高的评价。张爱玲十三四岁就开始看这本书，即使是很久没有原书可以温习，她都能清楚地记得书中的内容。

张爱玲曾经在给胡适的信中说道：“我一直都有一个志愿，希望将来能把《海上花列传》和《醒世姻缘传》译成英文。”如今，张爱玲了无牵挂，一个人藏在这偌大的洛杉矶，终于可以开始着手这项庞大的工程了。

但是，整本《海上花列传》都是用苏州方言写成的，这对于读者来说，简直就是一部“天书”。因此，即使是译成中文国语版都是要费好大功夫的，更不要说译成英文了。就在定书名的时候，张爱玲就费了好大功夫，她首先将书名定为 *Flowers of the sea*，但是当时的另一部小说《孽海花》中也有“海”和“花”两个字。这样一来，书名中的两个词就会犯重，如果用这个书名，英文读者就难免会觉得中国小说千篇一律，连书名都是一样的。

因此，张爱玲就与好友宋淇不断通信商量书名，宋淇先生认为，海上就是指上海，在译名中应该将这两个字体现出来，于是，他建议张爱玲译成 *The Belles of Shanghai*，但是张爱玲认为“Belles”指的是良家美女，与《海上花列传》中要描写的女子不同，所以收到宋淇的信后，张爱玲坚决反对。后来宋淇又建议用 *The Shanghai Sing-Song Girls*，张爱玲经过反复咀嚼，决定改成 *Sing-Song Girls of Shanghai*”，这样读起来顺口。经过一波三折地反复商榷，终于确定了书名。

一个书名尚且如此，整本书更是让张爱玲费尽了心血。书名有了，但是书中人物的名字该怎样译呢？又成了一个棘手的问题，完全按照中国名字来译，必然会让英文读者失去阅读兴趣，他们受不了这样像极了三字经的名字，但是如果将地地道道的中国人名译成诸如玛丽、约翰、安娜等，就俨然失去了原有的意味。

张爱玲想来想去，最后决定学习霍克斯译《红楼梦》的名字译法。霍克斯在译《红楼梦》的时候，就将平儿译成“Patience”、将紫鹃译成“Nightingale”，在《海上花列传》中，张爱玲就将赵朴斋译成了“Simplycity”、将洪善卿译成了“Benevo lence”。

除了英译《海上花列传》，张爱玲要做的另一项工作就是对《红楼梦》进行考据。张爱玲从小就熟读《红楼梦》，她非常喜欢这部中国古典文学名著。14岁那年，就模仿红楼梦的写法，自己写出了《摩登红楼梦》，当时父亲张廷众看了之后，颇感欣慰，还亲自为女儿的这部书拟了章回题目。

这一次，张爱玲对《红楼梦》的研究长达10年之久。1977年，台湾皇冠出版社出版了这部24万余字的《红楼梦魇》。

除了文学创作，张爱玲就这样在时间的河流里，任凭时光飞逝，年华老去。她一直以赖雅夫人自居，孤独地在这举目无亲的异乡行走，像极了秋菊，在萧瑟的时光里尽情地绽放。

这，浮世的悲凉 >>>

张爱玲一向都有意避开与外界的接触与来往，即使是当她的作品再次在台湾掀起热浪的时候，她依旧在美国离群索居地生活着。对读者来说，这位知名度颇高的女作家实在是太传奇了，无论是她的身世，还是她的生活态度和性格，都无不成为读者读完她的作品之后的谈资，对于一些报社来说，她更是难得的新闻对象。

1972 年，张爱玲接受完水晶先生的拜访后，就再也没有接受任何一家媒体或个人的访问，而越是访问不到，她就越显得神秘。女作家戴文采小姐就接受台湾《联合报》的托付准备去采访张爱玲。正当张爱玲隐居在那间房子里埋头创作的时候，戴文采小姐悄然来到了她所在的那套公寓。

戴文采从 19 岁开始起，便视张爱玲为崇拜对象。在来到洛杉矶之前，她写信给张爱玲要求采访，但是遭到了张爱玲的拒绝。这一次，她以身犯险，擅作主张，明目张胆地搬到了张爱玲所住的公寓里，并指定要住在张爱玲的隔壁。

经过仔细勘察，戴文采总结出，张爱玲似乎是早上休息，中午便开始看电视，声音开得非常响，直到半夜。有时候，她还会骑健身单车健身，整天不出门。

张爱玲没有想到会有人为了了解她专门住到自己的隔壁。那天，她像往常一样出去扔垃圾，这一幕正巧被戴文采看见。戴文采在后来的文章中这样写道那天的情景：“因为距离太远，始终没有看清她的眉目，仅是如此已经十分震动，如见林黛玉从书里走出来葬花，真实到几乎不真实。岁月攻不进张爱玲自己的氛围，甚至想起绿野仙踪。”

那天，张爱玲穿了一件白颜色的衬衫，就像女学生那样将衬衫扎进裙腰里，剪短了的头发烫着大的发花，她扔掉垃圾便赶紧转身回公寓里去了。不想仅仅是这一个小小的举动却已经被他人尽收眼底了。戴文采小姐看着张爱玲回房之后，便走到垃圾跟前，用一根长的菩提枝子将张爱玲扔掉的垃圾袋勾了出来，她还对张爱玲的生活垃圾仔细做了研究，喝什么牌子的牛奶、用什么牌子的香皂、打草稿用什么纸、纸巾怎么用的等一些生活的细节都被戴文采小姐研究了一番。

垃圾，只因为是张爱玲的垃圾，就变得与众不同起来，戴小姐甚至还从这些垃圾中淘到了张爱玲使用过的一个电炉。这个电炉看起来刚买不久，但是已经损坏了，戴小姐拾回来之后还用一只精致的盒子装了起来，进行收藏。

然而，戴小姐却算错了一步，她把自己住进张爱玲隔壁公寓的事打电话告诉了住在旧金山的丁女士，丁女士听后立即打电话告诉了纽约的 S 教授，这位教授非常看重张爱玲的才华。1961 年，S 教授还曾经在自己的英文著作中以 42 页的篇幅肯定张爱玲的文学地位，张爱玲也非常敬重这位教授。当 S 教授听说这件事之后，便又立即打电话给同住在纽约的庄正信先生，只有他才有张爱玲的电话号码。

庄先生知道张爱玲是不大接电话的，但是他还是抱着试试的心态打了出去，没想到，张爱玲立刻便接了电话，庄先生对着电话说："你的隔壁房间住进了一位小姐，据说是台北某报委托的……"刚说到这里，张爱玲便挂了电话，她显然对这类事情很是反感。

庄先生还是不放心，第二天，他又打电话给张爱玲，但是没人接。接着，他又打给好友林式同先生，林先生曾被委托协助张爱玲迁居的事宜。林先生说道："没问题，已经搬好了。"

几天之后，戴小姐才发现张爱玲已经搬走了，她或许不知道张爱玲是经过怎样的曲折才得知自己被"偷窥"的事实，又是经历了怎样的心路历程才决定快速搬走的。对于这件事，张爱玲说道："这几年在郊外居无定所，麻烦得不得了，现在好不容易希望能安静，如再被采访，就等于'一个人只剩下两个铜板，还给人家要了去'。"

戴文采将自己这些天对张爱玲的观察和研究写成文章，寄给了台湾的报社，并提到了报酬，还要让报社承担自己在该公寓的一切费用，结果均遭到了报社的拒绝，台湾的一些文化名人也对此表示愤怒。但是，那篇文章还是通过另外的途径刊登出来了。

张爱玲在给好友司马新的信里表达了自己的愤怒和无奈："那台湾记者那篇淘垃圾记还是登出来了。中国人不懂得尊重隐私权，正如你说的。所以我不能住在港台。现在为了住址绝对保密，连我姑姑都不知道。"

这件事之后，张爱玲更加深居简出了，她为了躲避纷扰，不得不更加频繁地搬家，她的信都是寄到她租用的信箱里，但是她又不常去看信箱，好几次姑姑的来信都因未被取而退回了，就连台湾皇冠出版社出版她的书，都会遇到寄去三校稿久无回音的情况，再去信问的时候，收到的信也只有一个字："可。"

张爱玲将自己完全锁进了红尘之外的世界中了。

生命是一袭华美的袍 >>>

“生命是一袭华美的袍，爬满了蚤子。”张爱玲曾在《天才梦》里这样写道。那时她还不是作家，还没有出名。对于她来说，这件袍就是一件旗袍，颜色鲜亮，颇具风情。

张爱玲走到落地玻璃窗前，细瘦的胳膊拨开窗帘，她看着窗外的灯红酒绿，只觉得自己是个局外人。金山湾海水灰茫茫地静静淌过，远处旧金山的高楼上，灯火通明。张爱玲抬起头来，天上正悬着一轮月，她孤独地回想着，想起多年以前，炎樱那样形容月亮：“月亮叫喊着，叫出生命的喜悦，一颗小星星是它羞涩的回声。”

她是多么想念那轮会羞涩的明月。中国大陆改革开放之后，张爱玲写信与姑姑联系上了，之后，她又给姑姑寄过几封信，信中说的大多都是一些自己的生活琐事和病痛的烦忧。

张爱玲对旗袍是很钟爱的，或者说，她对上海的那种奢华传统的风情很是钟爱，她的灵魂始终生活在那个时代。离开大陆的时候，她穿的是旗袍；离开香港的时候，她穿的是旗袍；去往麦克道威尔文艺营的时候，她穿的还是旗袍。

在那个穿旗袍的故乡里，张爱玲曾经也热烈地追求过爱情，对亲情也给予了非常厚重的希望。可是如今，什么都没有了。此时的张爱玲一无所有，也已经很少进行创作了。她将自己浸泡在故国的纸堆里，那回不去的时光，回不去的故国，太遥远了，她只能在这些发黄的旧纸堆里拼凑那个记忆中的家和国。

张爱玲走回房间里，随手拿起书桌上的一面小镜子。镜子上落满了灰尘，她并不在意，轻轻拭去灰尘，她好久都没有照过镜子了，甚至快要忘记了自己的样子。她又突然想起了《红楼梦》中的“风月宝鉴”，能够随意变幻出令人吃惊的物象来。张爱玲轻轻转过镜子，镜子里立刻出现了一张苍老的布满了皱纹的脸，消瘦的面颊上几缕花白的头发无力地垂在耳际。

张爱玲突然不知所措了，她扔下镜子，昔日的旧梦已经不知道该从哪儿去寻找了。她曾说：“镜里朱颜，愁边白发，光阴催人老。”

是的，流光，将人催老了，旗袍也旧了。那件华美的袍子上的蚤子真的爬了出来，张爱玲越来越怀疑自己的住处有跳蚤。因此，她不断地搬家，她怀疑自己患上了严重的皮肤病。昔日风华正茂的才女正一点一点老去。各种疾病都渐渐找上门来，健康日益恶化。这时，她在美国的最大的烦忧不再是经济问题了，而是健康。

张爱玲在给好友司马新的信中说道："……我去看过Dr.X，请他介绍了内科医生，但是还没去看，因为牙科医生要打电话去咨询，"又说道："感冒现在发现是过敏症，已经又发过好多次都给挡回去了……我的这些麻烦太多，每天的regimen（养生之道）占去的时间太多。剩下的事来不及做，生活走不上轨道，很着急……"还说道："……认出是皮肤特殊敏感。大概Fleas（跳蚤）两三年前就没有了……"

此时，张爱玲的家已经简化成一只小小的手提箱了，她一直都在搬家，为了躲避那糟糕的"蚤子"。

然而，那袍子上的"蚤子"依旧在她身边如影随形，挥之不去。

梦里不知身是客 >>>

为了躲避那些该死的“蚤子”，张爱玲不停地搬家。庄正信先生托自己的好朋友林式同先生来照顾张爱玲，他曾经做过张爱玲的房东，是一名建筑师，多次帮助张爱玲找合适房子，帮她搬家。这时，张爱玲对生活的要求已经降到低得不能再低了，她列出这样的条件，让林先生去帮她找房子：

1. 单人房（小的最好）；
2. 有浴室；
3. 有冰箱（没有也行）；
4. 没炉灶；
5. 没家具（有也行）；

6. 房子相当新，没有虫；

7. 除了海边，市区郊区都行；

8. 附近要有公交车；

9. 不怕吵，有噪声，车声，飞机声最好。

在异国的土地上，张爱玲即使已经获得了美国公民的身份，她依旧是个孤独的旅客，走在这块新大陆的街头，在人群中，只有她是孤独的，所有的面孔都是那么陌生。

于是，张爱玲把自己关起来了，把所有的繁华和热闹，所有的名利富贵都挡在了门外，她过着十分简单和清苦的生活。这时，张爱玲已经红遍了整个中国。有人在为 20 世纪中文 100 强小说排名，排在第一位的是鲁迅的《呐喊》，张爱玲的《传奇》紧随其后。但是这一切，都与她没有关系了，就连最亲近的家人都难得和她联系。

1988 年，张爱玲接到了弟弟张子静的信，他是在报纸上看到“已故女作家张爱玲”几个字的时候，急于证实该消息，便试着去寻求美国领事馆的帮助，竟然找到了姐姐在美国的地址，便写了一封信给张爱玲。

这是姐弟俩时隔多年之后的第一次联系，大约半年后，张子静接到了来自太平洋彼岸姐姐的消息，张爱玲在信中写道：

小弟：

你的信收到了。一直惦记着还没回信。不知道你可好。我多病，不严重也麻烦，成天忙着照料自己，占掉的时间太多，剩下的时间不够用，很着急……消息阻塞，有些话就是这样离奇，传说我发了财，又有一说是赤贫。其实我勉强够过，等以后大陆再开放了些，你会知道，这是实话。没能帮上你的忙，是真觉得惭愧，唯有祝安好。

煐

一九八九年一月二十日

张子静接到姐姐的回信之后，欣喜若狂，但是之后，他再寄出的第二封、第三封、第四封信……都没有回音，否则就是查无此人被退回。

1991 年 6 月，张爱玲远在上海的姑姑病重。姑父李开第写信给张爱玲，希望她能够回来看看姑姑，但是张爱玲只写了一封深情的信，也并没有回去。在信的最后，她还特别嘱咐姑父要在看完之后，把信烧掉，以免让路人抄走地址。不久，张茂渊便去世了，享年 91 岁，张爱玲始终没能再见上姑姑一面。

噩耗传来，张爱玲沉默片刻，打开了那只随身携带的小箱子，里面全是古老的不堪回首的记忆。捧出那本珍藏的影集，张爱玲再次翻阅着那一张张发黄的旧照片，这是陪伴她的最后的东西。不管搬多少次家，不管搬到哪里，张爱玲都把它带在身边，把她的记忆带在身边。她合上那脱了线的旧影集，坐在桌前。她决定写最后一部书，她人生中的最后一部书《对照记》，她要公开这些属于她的私人的照片。

母亲、姑姑、炎樱……都相应地成为书中的主要角色，唯独缺少男性。关于父亲，只是出现在一张合影中的一个角落里，而在她生命中的两个最重要的男性，胡兰成和赖雅都没有出现。

这些人都是人生中的过客。她写道：

悠长的像永生的童年，相当愉快地度日如年……然后是崎岖的成长期，漫漫长途，看不见尽头。满目荒凉……然后时间加速，越来越快，越来越快，繁弦急管转入繁弦急管，急景凋年倒已遥遥在望。一连串的蒙太奇，下接淡出。

至此，张爱玲这个天才文学家的创作力也随着她年龄的增长逐渐出现了颓势。

急景凋年，离群索居 >>>

1991 年 7 月，张爱玲搬到了洛杉矶西木区的曼彻斯特公寓，这是张爱玲最后的栖居之地。房子依旧是林式同帮她找的。住进来之后，张爱玲除了偶尔出来采购必需的生活用品，便不再出门，邻居们都很难见到她。

但是林式同例外，也是唯一的例外。林式同偶尔会到她的公寓去探望她，陪她聊天，张爱玲会主动与林式同说一些什么，林式同也附和着，张爱玲说：“我很喜欢和你聊天。”林式同也成了她与外界的唯一联系。

1992 年 2 月，林式同收到了张爱玲的来信，信中说，她指定他为她的遗嘱执行人，遗嘱只有三条内容：

一、一旦弃世，所有的财产赠予宋淇夫妇。

二、希望立即火化，不要殡殓仪式，如在内陆，骨灰撒在任何广漠无人处。

三、委任林式同先生为这份遗嘱的执行人。

收到信后，林式同不知所以，他觉得一个好好的人，实在没必要立一份这样莫名其妙的遗嘱，他不认识宋淇夫妇，更不知道他们的联系方式。张爱玲虽已年老，但身体状况还好。所以，林式同并没有回信，只是将那封信原封不动地收了起来。

张爱玲没有收到回信，她以为这是默许，便不再过问，开始着手去做其他的事情，最主要是校对整理《张爱玲全集》。就在那如“雪洞”般的公寓里，张爱玲坐在地毯上，整理书稿和校对的纸张，稿件在台北和洛杉矶之间来回往返，张爱玲却不厌其烦。她在生命的最后几年里，所有的精力都投入到这项工作中去了，生活已经降到了最低的标准。

除了那本脱了线的旧影集，张爱玲将所有旧的物品，有用的无用的都一一抛弃了。她吃速冻的食品，连拖鞋也是一次性的，累了困了就和着衣服躺在地毯上睡，这位摇摇欲坠的老人正在用生命进行最后的创作。

1993 年 11 月至 1994 年 1 月，台湾皇冠出版社的第 447～479 期收入《对照记》，1994 年 6 月出版了《对照记》的单行本。此时的张爱玲依旧埋头在她的整理工作当中。

1995年，《对照记》获得台湾《中国时报》“文学特别成就奖”，张爱玲得知消息后，已经年过七旬的她专门到照相馆拍了一张照片，寄往台北。照片上曾经风华绝代的才女已经成了一位风烛残年的老人，脸上的肉更加少了，以至于眼睛显得很大，浅浅的微笑似是看破红尘的样子，她的左手还举着一张卷起来的报纸，报纸上“主席金日成昨猝逝”几个大字尤为刺眼。

除了照片之外，张爱玲还写了一篇“获奖感言”，她在文章中追忆了半个世纪前的那次不公平的获奖经历。

《对照记》再版时，张爱玲在最后一页写道：

写这本书，在老照簿里钻研太久，出来透口气。跟大家一起看同一条新闻，有“天涯共此时”的即刻感。手持报纸倒像绑匪寄给肉票家人的照片，证明他当天还活着。其实这倒也不是拟于不伦，有诗为证，诗曰：

人老了大都
是时间的俘虏，
被圈禁禁足。
它待我还好——
当然随时可以撕票。
一笑。

这一年，张爱玲已经 75 岁了，她以这样的方式证明自己还活着。

或者，不久，

就不能再证明了。

孤灯燃尽，怅然离世 >>>

1995 年的一天，张爱玲独自坐在蓝灰色的毯子上，她或许还没有吃饭，就拿起那本老相簿再次翻看起来。一张张照片再次呈现在眼前，她沉浸在过去的时光里，以为自己回到了曾经那个风华绝代的年纪，夜晚正悄悄地降临，一如以往的日子。

时间也在等待着，正如那首诗所说的，它正等待着“撕票”，它对张爱玲好极了，等她重新再翻着一遍走过的人生路，才“撕票”。

一只极美的鸽子降落下来，天使正赶着来接引。

张爱玲感觉累极了，她得歇一歇。她不知道自己将会睡多久，只是就近躺在那厚厚的地毯上恬淡地睡着了。

1995 年 9 月 8 日，邻居发现有好几天没有看见那位消瘦的中国老太太了，便通知了洛杉矶警署。洛杉矶警署的官员打开张爱玲公寓的门，所有在场的人都震惊了。

一位瘦得吓人的中国老太太静静地躺在房间唯一的一张靠墙的行军床上，她身下垫着一床蓝灰色的毯子，没有盖任何东西，她脸上的神情十分安详，就像睡着了一般。身旁的小桌上，一支未合上的笔也静静地躺在那里。

初秋的天气骤然凉了起来，是很自然的凉。比起这房间里的苍凉，却是柔和了许多。张爱玲曾经这样写道："人生是残酷的，看到我们缩小又缩小的、怯怯的愿望，我总觉得有无限的残伤。"

不知道是哪里的灯光还依然亮着，可能已经亮了六七天了，它似乎是在努力照亮这位老太太前行的路。张爱玲辞世了。

张爱玲走了！没有亲人的陪伴，不！有！有一本老相簿，那相簿里不仅有她的亲人，还有她逝去的青春年华。

生命就像一朵盛开的花，张爱玲那灿烂的一幕却如此短暂。她最终孤独地走完了她的一生，只留下一片苍凉与无尽的叹息，守护着她过去的客旅人生。

走了！在人世的舞台上，她终以独居退场，在回忆的繁华处暗自萎谢，留下永远的叹息。

1995 年 9 月 19 日，那是个秋霜初降的清晨，张爱玲的遗体在洛杉矶惠捷尔市的玫瑰岗墓园火化。没有任何悼念的仪式，更没有亲人在场。

9 月 30 日，那天正是张爱玲的生日。张爱玲指定的遗嘱执行人林式同先生偕同多位文友，将她的骨灰撒在了太平洋中。和着一捧捧鲜红的或是纯白的玫瑰，张爱玲继续漂泊着，正似她一生的漂泊一样，但愿落花成为她魂归故国的依托，带她寻找阔别长达四十几年的乡土去吧！

张爱玲走了，她的故事未完……她那风华的、苍凉的、漂泊的、带着无尽叹息的一生还依然活在人们的心中！

附录 Appendix

张爱玲年谱

张爱玲年谱

1920年，出生

9月30日，张爱玲出生于上海公共租界西区的麦根路313号（今静安区康定东路87弄，临近苏州河，周边整个街区是鸿章纺织染厂）的一幢建于清末的仿西式豪宅中。祖籍河北丰润，乳名小煐，读书期间自己改名为张爱玲。发表《十八春》时曾用笔名梁京。

祖父张佩伦（1848—1903，河北丰润人），字幼樵，一字绳庵，同治年间进士，清廷重要文职官员，是清末名臣李鸿章的女婿；祖母李菊耦（1866—1916）即李鸿章的长女。

父亲张廷众为张佩伦第三子，是旧官宦家的阔少爷，没有正式工作，靠祖上留下的遗产过日子；母亲黄逸梵（1893—1957）则是长江水师提督黄翼升的孙女，较为欧化。张廷众与黄逸梵是远房表兄妹，从小由父母包办成婚，但夫妻关系极不和睦。张爱玲的姑母张茂渊与黄逸梵相处得很融洽。

张爱玲只有一个弟弟张子静（1921—1997），他在圣约翰大学肄业后，先任职于银行，后来担任上海郊区某中学英文教师。

1921 年，1 岁

周岁抓周，抓了钱（一说是一支笔）。这一年，弟弟张子静出生。

1922 年，2 岁

张廷众任天津津浦铁路局英文秘书，张爱玲随父母搬家到天津法租界张家 32 号路 61 号的旧宅住。

1923—1924 年，3~4 岁

3 岁，开始背诵唐诗，听家中的佣人讲《三国演义》以及其他文学经典中的故事。

4 岁的张爱玲进入私塾学习。同年，张爱玲的姑姑张茂渊（1898—1991）赴英国留学，母亲黄逸梵撇下子女陪同前往。张廷众便将养在外的姨太太接到家中，并且更加沉迷于鸦片。

1925—1927 年，5~7 岁

由“姨太太”照看，“姨太太”原是妓女，绰号“老八”，入张家后性情暴躁，经常为小事与张廷众吵闹，后被赶走。

1928 年，8 岁

开始大量阅读通俗小说与古典名著，如《歇浦潮》《西游记》和《红楼梦》等。张廷众丢掉了工作，并决定悔过自新，求妻子回国。

1929 年，9 岁

全家由天津乘船迁回上海。张爱玲在船舱里重读《西游记》，还写了一篇乌托邦式的小说《快乐村》。

母亲与姑姑从法国游学归来，父亲痛悔前非，与母亲重归于好，全家又由石库门房子搬进花园洋房。张爱玲开始学习弹钢琴，还画画、看小说、写小说；开始给编辑写第一封投稿信；开始看新文学作品，如老舍的《二马》，丁玲的《莎菲女士的日记》等。

1930 年，10 岁

父母关系再度恶化，时常因各种事情激烈争吵，最后协议离婚。

初秋，张爱玲进入上海黄氏小学，正式更名为张爱玲，由于有英文基础，入校从四年级读起。

母亲再度赴法国学习，临走时到校与她告别。张爱玲在校住宿，生活归于平静。由于条件优越，生活能力不强。

1931 年，11 岁

从这一年到次年前半年，张爱玲一直在小学读书。在这里写了她

第一部有完整情节的小说，讲述了一个恋爱的女郎，因表姐插足，酿成了三角恋爱的悲剧，愤而投水自杀。这篇小说在小学同学中传阅。在学校的作文课上，她写了《理想中的理想村》。

1932年，12岁

进入圣玛利亚女校初中。

刚就读初一，即发表短篇小说《不幸的她》，刊于1932年圣玛利亚女校年刊《凤藻》第12期。这是迄今发现的张爱玲最早公开发表的作品。

这一段时间，父亲很欣赏她的作文，并鼓励她写旧体诗。她在学校做了三首七绝，第二首《夏雨》经先生浓圈密点，极为赞赏。

张爱玲在中学时代之初，即为自己勾画了一生：想学画卡通影片，毕业后到英国去，尽量把中国画介绍到美国，要比林语堂还出风头，穿最别致的衣服，周游世界。

不久，父亲又娶了继母。继母孙用蕃非常凶悍，爱吸鸦片，常虐待弟弟和女佣。

张爱玲看到继母对弟弟的冷酷非常讨厌，很少回家，住在学校，也偶尔与姑姑同住。

1933年，13岁

张爱玲画了一幅漫画，投到上海《大美晚报》发表，收到报社寄给自己的第一笔稿费五元钱，张爱玲为自己买了一支小号丹琪唇膏。

散文《迟暮》刊于圣玛利亚女校年刊《凤藻》上；并写了类似鸳鸯蝴蝶派的长篇章回小说《摩登红楼梦》，父亲为她代拟回目。

1934 年，14 岁

升入圣玛利亚女校，就读高中。

1935 年，15 岁

张爱玲读了丁玲的小说及穆时英的《南北极》、巴金的《灭亡》等。由于家庭环境的影响，她的性格变得孤僻、冷漠、呆滞、不爱说话，但考试总得 A 或甲的优秀成绩。

1936 年，16 岁

汪宏声受圣玛利亚女校之聘，任中文部教务主任一职，兼授高中国文课，对国文课程有所改进，成为张爱玲的老师。在作文课上，张爱玲的作文《看云》引起他的极大兴趣和赞赏。

汪宏声先生组织校内的文艺团体“国光会”，出版刊物《国光》。在《国光》创刊号上有张爱玲的新文艺风格的小说《牛》、读书报告《烟水愁城录》。散文《秋雨》发表于 1936 年该校年刊《凤藻》上。

1937年，17岁

在《国光》第6期上发表两篇小说评论《无轨列车》与《在黑暗中》。随笔《论卡通画之前途》，刊于1937年校刊《凤藻》上。随后刊登英文散文《牧羊者素描》和《心愿》。

在《国光》第9期上发表小说《霸王别姬》，引起全校轰动。汪宏声在课堂上说它比郭沫若的《楚霸王之死》有过之而无不及。

同年夏，张爱玲于圣玛利亚女校毕业。

母亲黄逸梵为她从法国留学归来。张爱玲向父亲提出到英国留学的请求，被父亲和继母嘲骂。

“八一三事变”后，因为父亲家附近有炮声不能入睡，搬到母亲处住了两个星期，回家后遭到继母与父亲的毒打。第二天姑姑张茂渊来说情，也被父亲打伤，张茂渊与哥哥自此不再往来。此后，张爱玲被父亲关押在家中一秋一冬。

1938年，18岁

张爱玲趁家人不注意，逃出父亲家，从此与姑姑和母亲住在一起；后专心学习，母亲为她聘请英国教师辅导，准备报考伦敦大学。

1939年，19岁

以远东考区第一名的成绩考入英国伦敦大学，但是因第二次世界大战在欧洲爆发，改入香港大学读书。

1940 年，20 岁

4 月，参加《西风》月刊三周年征文比赛，张爱玲的《天才梦》本为首奖，但正式公布时，被排除在一、二、三等奖外，获第十三名。

结识炎樱，并与其成为终身朋友。

1941 年，21 岁

12 月 18 日，太平洋战争爆发，日军入侵香港。她经历了香港被围的全过程，参加“守城”工作，休战后在大学临时医院做看护。

1942 年，22 岁

香港沦陷，香港大学停课。

张爱玲还没有毕业，便无奈回到上海。回到上海后报考了圣约翰大学，却因生活费无着落而退学。利用在香港大学的学习成果，开始写一些英语文章。

1943 年，23 岁

张爱玲在英文月刊《二十世纪》上先后发表英文文章。带着《沉香屑：第一炉香》和《沉香屑：第二炉香》，经人引荐拜访了鸳鸯蝴蝶派刊物《紫罗兰》的主编周瘦鹃。一星期后，周瘦鹃征求她的意见，她同意将这两篇小说登在《紫罗兰》杂志上。

1 月，发表 *Chinese Life and Fashions*（《中国人的生活与服装》），

并附手绘插图 12 幅。后来又将该文翻译成中文，题为《更衣记》。

5 月，《沉香屑：第一炉香》在《紫罗兰》上登载。张爱玲邀请周瘦鹃到家中，与姑姑张茂渊设西式茶会答谢。

6 月，《沉香屑：第二炉香》在《紫罗兰》月刊上发表。

7 月，张爱玲拜访《万象》杂志社的主编柯灵，把短篇小说《心经》交给柯灵发表，此后与柯灵结下了深厚友谊。

7 月 10 日，在《杂志》月刊第 11 卷第 4 期上发表短篇小说《茉莉香片》。在《杂志》月刊第 11 卷第 5 期上发表散文《到底是上海人》。

同月，朝鲜女舞蹈家崔承禧第二次来上海，张爱玲出席欢迎会，并与崔承禧等合影留念。

8 月至 9 月，发表影评 *Mother and Daughters-in-Law*，评影片《自由钟》《两代女性》和《母亲》，刊载于《二十世纪》第 5 卷第 2、3 期合刊。短篇小说《心经》在《万象》月刊第 2、3 期上发表。

9 月至 10 月，小说《倾城之恋》在《杂志》第 11 卷第 6、7 期上发表。

同月在《天地》月刊第 2 期上发表小说《封锁》，在《万象》月刊第 5 期上发表小说《琉璃瓦》，在《古今》半月刊第 33 期上发表散文《洋人看京戏及其他》。

12 月，在《二十世纪》第 5 卷 6 期上发表散文 *Demons and Fairis*（《妖魔与神仙》）。此文后以中文改写，题为《中国人的宗教》。与此同时，她还写了大量的中文作品。

同月，在《古今》第 34 期上发表散文随笔《更衣记》，在《天地》月刊第 3 期上发表散文《公寓生活记趣》。

11 月 10 日至 12 月 10 日，小说《金锁记》分两次在《杂志》月刊第 12 卷第 2、3 期上发表。

1944 年，24 岁

1 月 10 日，在《天地》月刊第 4 期上发表散文《道路以目》。同月，在《杂志》月刊第 12 卷第 4 期上发表散文《必也正名乎》。

1 月至 6 月，长篇小说《连环套》开始在《万象》月刊第 7—12 期上连载。

2 月初，文人胡兰成获释后去上海，倾慕张爱玲的才华，并去拜访，后张爱玲与胡兰成相恋。

2 月，在《杂志》12 卷第 5 期上发表小说《年轻的时候》。10 日，在《天地》月刊第 5 期上发表散文《烬余录》。

3 月 10 日，在《天地》月刊第 6 期上发表《谈女人》。同月，在《杂志》月刊第 12 卷第 6 期上发表小说《花凋》。

3 月 16 日，张爱玲出席杂志月刊社主持召开女作家座谈会，并在会上谈了自己最初的作品以及对自己喜爱的古今中外作品的看法。

4 月 10 日，在《杂志》月刊第 13 卷第 1 期上发表《论写作》和“小品”三则——《爱》《有女同车》《走！走到楼上去》。

5 月，在《天地》月刊第 7、8 期合刊上发表散文《童言无忌》和《造人》。

5 月 5 日，在《学艺》第 101 期上发表散文《被窝》。

5 月至 6 月，胡兰成在《杂志》月刊上发表《评张爱玲》，高度赞扬了张的作品。

5月至7月，小说《红玫瑰与白玫瑰》在《杂志》月刊第13卷第2、3、4期连载。

6月1日，在《天地》月刊第9期上发表散文《打人》。

7月1日，散文《私语》在《天地》月刊第10期上发表。

7月10日，在《杂志》月刊第13卷第4期上发表《说胡萝卜》。

同月，针对傅雷的批评在《新东方》杂志上发表《自己的文章》，为自己辩解。

在《杂志》第13卷第5期上发表散文《诗与胡说》《写什么》。

8月15日，小说集《传奇》由《杂志》月刊社出版，其中收入小说10篇，四天内初版便销完。

与胡兰成结婚。胡兰成因为担心日后的时局会连累到张爱玲，没有举行结婚仪式，只写婚书为定："胡兰成与张爱玲签订终身，结为夫妇，愿使岁月静好，现世安稳。"旁有炎樱为媒证。

8—10月，随笔《中国人的宗教》分三次在《天地》月刊第11、12、13期上连载。

9月10日，散文《忘不了的画》在《杂志》月刊第13卷第6期上发表。同月，在《小天地》月刊第1期上发表散文《散戏》《炎樱语录》。同月，《无国籍的女人》在《飙》月刊副刊号上发表。

9月25日，小说集《传奇》再版，换上炎樱设计的封面，附有作者像，并加了一篇再版序。

11月1日，在《天地》月刊第14期上发表散文《谈跳舞》。

11 月 10 日，在《杂志》月刊 14 卷第 2 期上发表《殷宝滟送花楼会（列女传之一）》。

11 月 19 日，在《苦竹》月刊第 1 期上发表散文《谈音乐》。

同月，胡兰成到武汉接办日伪刊物《大楚报》后，又与汉阳医院一位护士周训德关系暧昧。

12 月，在《杂志》月刊第 14 卷第 3 期上发表小说《等》，在《苦竹》第 2 期上发表《桂花蒸：阿小悲秋》和《自己的文章》。

同月，散文集《流言》由五洲书报社出版。附录照片三帧和手绘插图多幅，封面为炎樱设计。在《力报》8 日、9 日上连载《罗兰观感》。

12 月 9 日，在《海报》上发表《关于〈倾城之恋〉的老实话》。16 日，自编话剧《倾城之恋》在上海新光大戏园上演，该话剧在上海公演了一个月，至次年初共八十场，引起轰动。

1945 年，25 岁

1 月，一组散文《气短情长及其他》（包括《气短情长》《小女人》《家主》《狗》《孔子》《不肖》《孤独》《少说两句罢》八则）在《小天地》第 4 期上发表。同月，《流言》由街灯出版社重印。

2 月，散文《（卷首玉照）及其他》在《天地》月刊第 17 期上发表。

2 月 10 日，小说《留情》在《杂志》月刊第 14 卷第 5 期上发表。

2 月 27 日下午，在张爱玲的寓所，由记者主持苏青、张爱玲对话，讨论关于妇女、家庭、婚姻等问题。

3 月，散文《双声》在《天地》月刊第 18 期上发表。胡兰成回到上海，告诉张爱玲他与周训德之事，不久又返回武汉。

3 月至 6 月，在《杂志》第 14 卷第 6 期，15 卷第 1、2、3 期上发表小说《创世纪》。

由吴江枫记录整理的《苏青张爱玲对谈记》在《杂志》第 14 卷第 6 期上发表。

4 月 10 日，在《杂志》月刊第 15 卷第 1 期上发表散文《吉利》。同月，在《天地》第 19 期上发表散文《我看苏青》。

5 月，在《杂志》月刊第 15 卷第 2 期上发表散文《姑姑语录》。

7 月 21 日，《杂志》在咸阳路 2 号以茶宴的形式开纳凉晚会，邀请张爱玲参加，张爱玲和日本女明星李香兰合影。

日本大东亚文学者大会第三届曾邀她参加，张爱玲看见报上登出的名单内有她，便立即写信辞去。

8 月 10 日，由记者整理记录的《纳凉会记》在《杂志》第 15 卷第 5 期刊出。

8 月 15 日，日本天皇宣布无条件投降。9 月 2 日日本在投降书上签字。之后，胡兰成遭通缉，化名张嘉仪潜逃。

1946 年，26 岁

2 月，胡兰成为躲避通缉，隐匿于杭州、温州一带，又与一村妇范秀美同居。

张爱玲去探望胡兰成，并在胡兰成处小住二十几日后，发生争吵，返回上海。

同年，结识桑弧等人。

1947 年，27 岁

4 月，在《大家》月刊创刊号上发表散文《华丽缘》。

4 月中旬，上海文华电影公司拍摄张爱玲的电影剧本《不了情》，由桑弧导演。该片被誉为“抗战胜利以后国产电影最最适合观众理想之巨片”。

5 月至 6 月，根据《不了情》改编的小说《多少恨》在《大家》第 2、3 期上发表。

11 月，小说集《传奇（增订本）》由上海山河图书公司出版，由炎樱设计封面。

在初版基础上增收新作 6 篇，依次为《留情》《鸿鸾禧》《红玫瑰与白玫瑰》《等》《桂花蒸：阿小悲秋》，另有前言《有几句话同读者说》和跋语《中国的日夜》。

12 月 3 日，《〈太太万岁〉题记》发表于上海《大公报》副刊“戏剧与电影”，由《大公报》的主编洪深写《编后记》。

12 月 12 日，署名胡珂的《抒愤》，在上海《时代日报·新生》刊出，对张爱玲的《太太万岁》及“题记”进行了猛烈的批判。

13 日，李君维发表《〈太太万岁〉中的太太》，文中对剧本做了较为客观的评价。

14 日，《太太万岁》在上海的皇后、金城、金都、国际四大影院同时公映，由桑弧导演。

12月下旬，《申报》《大公报》《新闻报》报道了《太太万岁》的放映盛况。

同年，写信与胡兰成决绝。

1948年，28岁

1月7日，莘薤在《大公报·戏剧与电影》上发表《我们不乞求，也不施舍廉价的怜悯——一个太太看〈太太万岁〉》），洪深在《大公报·戏剧与电影》发表《恕我不愿领受这番盛情——一个丈夫对〈太太万岁〉的回答》。

左派文人批判张爱玲。

1949年，29岁

2月，参与桑弧创作的电影剧本《哀乐中年》，在上海潮锋出版社刊印，并列为“文学者丛书”之七。

由桑弧导演的《哀乐中年》拍摄公映。

1950年，30岁

3月25日至次年2月11日，长篇小说《十八春》在《亦报》上连载，在社会上产生强烈反响。

同月，上海召开第一次文学艺术界代表大会，张爱玲在夏衍的关照下，应邀出席，坐在后排。在一片灰蓝中山装的代表中，她身着旗袍，外面罩了件网眼的白绒线衫，显得非常突出。

土改开始后，应夏衍安排，张爱玲随文代会下乡参加土改两个多月。但是由于无法写出政府要求的“歌颂土改”的作品，颇感困惑。她感到与当时的社会环境格格不入，加之与胡兰成的关系，面临政治方面的压力。

1951 年，31 岁

参加中国旅行社办的临时观光团体，到杭州去过一次。

11 月，《十八春》由上海《亦报》社出版单行本。

11 月 4 日至次年 1 月 24 日，中篇小说《小艾》在《亦报》第三版连载。

上海市电影剧本创作所成立，夏衍兼所长，柯灵为副所长。夏衍拟聘张爱玲为编剧，但因有人反对，未能如愿。

受胡兰成牵连，张爱玲在大陆文学创作受阻，她写信联系申请继续因战争中断的学业，得到许可后，离开大陆，去往香港。

1952 年，32 岁

11 月，赴香港，先寄居于香港女青年会，为美国新闻署香港新闻处做翻译，译过海明威的《老人与海》、华盛顿·欧文的《无头骑士》、玛乔丽·劳林斯的《小鹿》和《爱默森文选》等。

结识美驻港总领馆新闻处长麦加锡夫妇及居住在香港的宋淇（笔名林以亮）夫妇。

开始用英文写作长篇小说 *The Rice Sprout Song*（《秧歌》）。

1953 年，33 岁

《秧歌》英文本在美国出版，美国《纽约时报》《星期六文学评论》《时代》周刊相继发表书评。

同时以中文写作长篇小说《赤地之恋》。

1954 年，34 岁

长篇小说《秧歌》与《赤地之恋》先后在香港《今日世界》连载，同时将陈纪滢的《荻村传》译成英文本。

7 月，《张爱玲短篇小说集》由香港天风出版社出版。

10 月 25 日，将《秧歌》寄给客居美国的胡适，并附信一封。

1955 年，35 岁

1 月 25 日，胡适将《秧歌》“仔细地看了两遍后”，回信表示对此书的欣赏。

2 月 20 日，给胡适回信寄了五本中文版《秧歌》及《传奇》《流言》与《赤地之恋》的英文本。

秋季，乘“克利夫兰总统号”轮船离港，经由日本，移居美国。

在炎樱的介绍下，住在纽约救世军办的职业女子宿舍。

11 月，与炎樱一起拜访胡适，后自己又单独拜访一次。

11 月底，胡适又到职业女子宿舍来看她，这是她与胡适最后一次见面。后来写散文《忆胡适之》。

1956 年，36 岁

2 月，获得麦克道威尔文艺营批准，搬到美国东北部的新罕布什尔州彼得堡居住，为期两年。

在这里，她结识了美国左翼作家赖雅。

9 月 12 日，英文小说 *Stale Mates* 发表于美国 *The Reporter* 双周刊上。

8 月，与赖雅在纽约结婚。

开始为香港电懋影业公司编写剧本，有《情场如战场》《人才两得》《六月新娘》《温柔乡》《桃花运》《小儿女》等。

电影剧本《情场如战场》开始摄制。

1957 年，37 岁

1 月 20 日，小说《五四遗事》（中、英文）在《文学杂志》第 1 卷第 5 期上发表。

母亲黄逸梵在英国逝世。

1958 年，38 岁

与赖雅申请到南加州亨廷顿·哈特福基金会的一个半年期的名额，半年以后又与赖雅移居波士顿。

1961 年，41 岁

10 月 13 日，为创作搜集资料赴香港。取道台湾，由麦加锡安排与台湾大学的青年作家王祯和、白先勇、王文兴、欧阳子、陈若曦等会面畅谈，又到花莲、屏东观看当地的山地舞与民族风俗表演。

10 月底，赖雅在美国中风。张爱玲得知赖雅病情稳定，无生命危险后，又乘飞机到香港。

11 月，为香港电懋影业公司编写《南北喜相逢》《一曲难忘》《南北一家亲》等电影剧本。

1962 年，42 岁

年初，回美国，与丈夫赖雅移居华盛顿，把根据好莱坞影片改编的《南北喜相逢》寄到香港。后因剧本丢失，未拍摄。

7 月，译玛乔丽·劳林斯 (Marjorie Rawlings) 的《小鹿》，并改名《鹿苑长春》出版，附“译后记”。

10 月，剧本《南北一家亲》在香港上映。

1963年，43岁

3月28日，在美国《记者》杂志上发表英文散文 *A Return to the Frontier*，纪念台港之行。

与人合译的《美国诗选》和《华盛顿·欧文小说选》在香港由今日世界社出版，其中，张爱玲译了爱默森的五首诗、梭罗的三首诗和《无头骑士》。

10月2日，剧本《小儿女》在香港首映。

1964年，44岁

《爱默森文选》在香港由今日世界社出版。

7月，剧本《一曲难忘》在香港首映。

9月，剧本《南北喜相逢》在香港首映。

与人合译《美国现代七大小说家》在台湾出版。张爱玲译了辛克莱·路易斯、欧内斯特、海明威以及汤姆斯·沃尔芙三位作家的作品。

1966年，46岁

4月，《怨女》单行本由台湾皇冠出版社出版。

《怨女》中文版在香港《星岛日报》上连载。

开始《海上花列传》的国语译注。

1967 年，47 岁

在迈阿密大学做过短期的驻校作家。

9 月，到马萨诸塞州的坎布里奇，进入哈佛大学雷德克里夫女子学院，做驻校作家。

开始英译《海上花列传》。

在哈佛燕京图书馆，看了《红楼梦》许多不同版本和有关研究著作，开始了对《红楼梦》的研究。在此期间曾应华人女作家於梨华邀请到纽约州立大学做过演讲。

中英文对照的《睡谷故事》（即欧文的《无头骑士》）与他人译欧文的另一篇小说《李迫大梦》由香港今日世界社出版。

英文长篇小说 *The Rouge of the North*（即《怨女》）在英国伦敦出版。

1968 年，48 岁

长篇小说《秋歌》《怨女》《半生缘》《张爱玲短篇小说集》和《流言》由台湾皇冠出版社先后出版。

开始《红楼梦》与《海上花列传》的研究。

1969 年，49 岁

由夏志清推荐，移居美国西海岸柏克莱城，进入加利福尼亚大学柏克莱分校陈世骧主持的中国研究中心任研究员，主要研究大陆新出现的名词术语，为期两年。同时在东方图书馆继续搜集《红楼梦》资料。

1970 年，50 岁

9 月，青年作家水晶从美国东部到柏克莱，拜访张爱玲，张爱玲因病托词未见。

1971 年，51 岁

5 月末，柏克莱加大比较文学系教授陈世骧因心脏病去世，张爱玲参加追悼会。

6 月 3 日，写信约水晶见面。一周后，水晶先生夜访张爱玲，两人长谈七个小时。水晶后来写了《初访张爱玲不遇》和《蝉——夜访张爱玲》以纪念这次访问。

6 月底，结束在柏克莱加大的研究工作。

1972 年，52 岁

译著《老人与海》由香港今日世界社出版。

《红楼梦未完》在台北幼狮文艺研究社出版的“幼狮月刊学术丛书”《红楼梦研究集》第 30 卷第 40 期上发表。

1973 年，53 岁

《谈看书》在台湾《中国时报·人间副刊》发表。

《初详红楼梦》在台湾《皇冠》杂志上发表。

秋后，移居洛杉矶，更加深居简出。

1976年，56岁

《红楼梦未完》由台湾皇冠出版社出版单行本。同时构思另一篇短篇小说《小团圆》，后未发表。

5月，散文集《张看》由台湾皇冠出版社出版。

8月，花费十年心血撰写的红学专著《红楼梦魇》，由台湾皇冠出版社出版，11月再版。

1978年，58岁

3月15日，随笔《对现代中文的一点小意见》在台湾《中国时报·人间副刊》上发表。

4月11日，《人间小札》在台湾《中国时报·人间副刊》上发表。

短篇小说《色·戒》在台湾《中国时报·人间副刊》上发表。

11月27日，散文《羊毛出在羊身上——谈〈色·戒〉》在台湾《中国时报·人间副刊》上发表。

1981年，61岁

国语本评注《海上花》由台湾皇冠出版社出版。将原来吴语对白的《海上花列传》（韩子云著）译成国语，加了注评，并将原书六十四回中的四回做了删并，成为六十回本，有序言和译后记。

张爱玲的姑姑张茂渊与李开弟在上海结婚，张爱玲的作品在大陆的版权即由李开弟代理。

11 月，张葆莘著《张爱玲传奇》在上海《文汇月刊》上发表，这是三十年来大陆首次发表有关张爱玲的文章。

1982 年，62 岁

2 月，发表《关于〈笑声泪痕〉》。

1983 年，63 岁

《殷宝滟送花楼会》在台湾《联合报・副刊》上发表。

6 月，小说剧本集《惘然记》由台湾皇冠出版社出版，收入短篇小说《色・戒》《浮华浪蕊》和《相见欢》等。

10 月 1 日、2 日，《国语本〈海上花〉译后记》，在台湾《联合报・副刊》上发表。

1984 年，64 岁

1 月 3 日，《〈海上花〉的几个问题》（英译本序）在台湾《联合报・副刊》发表。

《张爱玲资料大全集》（唐文标主编）由台北时报文化出版事业有限公司出版，其中收集了张爱玲许多图片、小说初稿与有关研究文章。

1985年，65岁

《传奇》由上海书店影印出版。

1986年，66岁

2月，小说集《传奇》由人民文学出版社重新排印。

12月27日起至次年1月18日，《小艾》在台湾《联合报·副刊》上连载。

1987年，67岁

3月，《流言》由上海书店影印出版。

《联合文学》第29期推出“张爱玲专号”发表港台研究张爱玲文章多篇。

《十八春》由江苏文艺出版社重印，署名张爱玲。

《半生缘》由花城出版社重印。

译作《爱默森文选》由北京三联书店重印。

5月，《余韵》由台湾皇冠出版社出版，其中收入的作品有《散戏》《双声》《华丽缘》《中国人的宗教》《我看苏青》《“卷首玉照”及其他》《气短情长及其他》和小说《小艾》，后两篇略有改动。

1988 年，68 岁

《续集》由台湾皇冠出版社出版。《续集》中收入张爱玲的《关于〈笑声泪痕〉》《国语本〈海上花〉译后记》《表姨细姨及其他》《羊毛出在羊身上》和《谈吃与画饼充饥》，短篇小说《五四遗事》中、英文本，电影剧本《魂归离恨天》和《小儿女》。

1989 年，69 岁

1 月 20 日，给弟弟张子静写信。

3 月间，外出被汽车撞伤，右肩骨裂。

5 月 25 日至 30 日，剧本《太太万岁》在台湾《联合报》连载。

1990 年，70 岁

9 月 30 日至 10 月 23 日，剧本《哀乐中年》被误作张氏作品在台湾《联合报·副刊》连载。

1991 年，71 岁

5 月，《赤地之恋》由台湾皇冠出版社出版。

6 月，姑姑张茂渊在上海去世，终年 91 岁。遗嘱不举行告别仪式，骨灰随便撒掉。张爱玲得知后写信给姑父李开弟表示哀悼。

1992 年，72 岁

2 月 14 日，在律师处签下三项遗嘱，并将遗嘱寄给林式同先生，请他做自己的遗嘱执行人。《张爱玲散文全编》由浙江文艺出版社出版。

7 月，金宏达、于青编《张爱玲文集》（四卷本）由安徽文艺出版社出版。

1993 年，73 岁

4 月 3 日，张爱玲的三篇佚文《写〈倾城之恋〉的老实话》《罗兰观感》《被窝》刊于上海《文汇读书周报》。

11 月，《对照记》图文在《皇冠》杂志连载。

1994 年，74 岁

《对照记》作为《张爱玲全集》的一种由台湾皇冠出版社出版。增补《红楼梦魇》一册。

9 月，张爱玲获台湾第十七届时报文学奖“特别成就奖”。

12 月 3 日，《忆西风——第十七届时报文学奖特别成就奖“得奖感言”》载于台湾《中国时报·人间》。

1995 年，75 岁

9 月 8 日，张爱玲被发现于洛杉矶一公寓内逝世，已有一星期左右。

港台地区与中国大陆的报纸纷纷做了报道。

9 月 19 日，遗体火化。

9 月 30 日，生前好友美籍华人林式同、夏志清等将她的骨灰撒入太平洋。

参考书目

1.《最好不相忘：张爱玲传》

梅寒著，湖南人民出版社，2013 年

2.《你因灵魂被爱：张爱玲传》

闫红著，湖南文艺出版社，2014 年

3.《张爱玲传》

任茹文、王艳著，国际文化出版公司，2010 年

4.《独爱临水照花人：张爱玲传》

张贞元编著，工人出版社，2012 年

5.《我的姐姐张爱玲》

张子静、季季著，吉林出版集团有限责任公司，2009 年

6.《西望张爱玲：张爱玲传》

西岭雪著，东方出版社，2009 年

7.《张爱玲传》

张均著，文化艺术出版社，2011 年

8.《张爱玲传》

王羽著，上海文化出版社，2009 年

9.《一别，如果永不相见：张爱玲传》

朱云乔著，中国纺织出版社，2013 年

10.《张爱玲传》

余斌著，人民文学出版社，2013 年

11.《爱那么短，遗忘那么长：张爱玲传》

林宛央著，作家出版社，2014 年

12.《风华绝代——民国上海四才女之张爱玲传》

绍江天著，安徽文艺出版社，2012 年

13.《海上红楼：张爱玲传》

张均著，广东教育出版社，2009 年

14.《张爱玲学》

高全之著，漓江出版社，2015 年

15.《宋家客厅：从钱钟书到张爱玲》

宋以朗著，陈晓勤整理，花城出版社，2015 年